Impressum
© 2002
Alle Rechte beim Herausgeber bzw. den
Autoren
Stiftung Pädagogische Akademie Burgenland
A-7001 Eisenstadt, Wolfgarten
Herstellung: Books on Demand GmbH, Norderstedt
ISBN 3-8311-4799-X
Umschlaggestaltung und Foto: Johann Pehofer

Stiftung Pädagogische Akademie Burgenland

Pädagogica
Pannonia

1/2002

Beiträge zu Theorie und Praxis der Pädagogik
Herausgegeben von Johann Pehofer

Inhalt   1/2002

Bucsy Gellértné

Vergleichende Untersuchung der physischen Aktivität und des Gesundheitszustandes von Soproner und Eisenstädter Studentinnen

Die Vorgeschichte der Forschung

Der Pädagoge sollte Vorbild für die ihn anvertrauten Schüler und Studenten sein: Seine Wirkung in der Gestaltung und Entwicklung seiner Persönlichkeit, seiner Sozialisation und seiner Lebensgewohnheiten für die Nachwuchsgeneration ist von unschätzbarem Wert. Gerade in der Umsetzung des Verhaltens haben die in der Untersuchungsthematik vorkommenden Volksschullehrer, Kindergarten-Pädagogen und Sozialpädagogen eine besonders große Rolle und Verantwortung, da sie sich mit der Erziehung der Kinder und Jugendlichen und der sinnvollen Organisierung ihrer Freizeit in einem besonders sensiblen Lebensalter beschäftigen.

In Ungarn ist der Gesundheitszustand der Jugendlichen und Erwachsenen nicht ausreichend. Die Ärzte sprechen von Morbiditäts- und Mortalitätskrise, die durch nicht infizierende Epidemien verursacht werden (Frenkl, R.). Die zwei am meisten den Tod verursachenden Krankheitsgruppen sind die Herz-, Kreislauf- und Geschwulstkrankheiten. Nach den statistischen Angaben sterben 51 bzw. 23 Prozent der Bevölkerung an den erwähnten chronischen Krankheiten. Die meisten Krankengeldtage werden durch die die Lebensqualität beschädigenden Haltungsschäden und die damit verbundenen Rückenerkrankungen verursacht. Auch die bei der

Geburt zu erwartende Lebensdauer ist niedrig, sie liegt derzeit bei Männern bei 66,3, und bei Frauen bei 75,1 Jahrem.

Es ist allgemein bekannt, dass diese Krankheiten in den industriell entwickelten Gesellschaften häufig sind. Ein Teil der Experten ist sich einig, dass ein bestimmtes Niveau der physischen Fitness ein wichtiger Faktor zur Erhaltung der Gesundheit ist. Eine physisch aktive Lebensführung ist ein Beitrag zum Vorbeugen bestimmter „Zivilisationskrankheiten", wie Krankheiten der Herzkranzgefäße (Ishaemia), der Arterienverkalkung, erhöhter Blutdruck, Fettsucht, bestimmte Arten von Krebs und Rückenkrankheiten. Wenn die Körperbewegung zu einem Teil unseres Lebens wird, dann können wir die Verbesserung der Lebensqualität und die Verlängerung des Lebensalters erreichen.

In Ungarn treiben 14-17 Prozent der Bevölkerung regelmäßig Sport, und diese Zahl ist - die internationalen Daten in Betracht bezogen – sehr niedrig. Ein Grund dafür ist vor allem darin zu sehen, dass der Massensport im sozialistischen System wegen der privilegierten Lage und Sonderförderung des Spitzensports in den Hintergrund getreten ist (Földesiné). Auch nach der 1989 stattgefundenen demokratischen Umwandlung lässt diese „olympiadenzentrierte" Anschauung noch seine Auswirkung spüren. Daher gibt es in vielen Bereichen noch immer die Überzeugung, dass Spitzensport wichtiger und wertvoller sei als Breitensport mit einem rekreatischem Ziel. Diese typisch ungarische Anschauung ist auch dafür verantwortlich, dass heute breite Schichten noch immer aus dem Breotensport ausgeschlossen sind.

Um hier eine Gesinnungsänderung herbeizuführen, wurde von den Professoren des Lehrstuhls für Sport von der Soproner pädagogischen Fakultät der Westungarischen Universität ein Erziehungsprojekt ausgearbeitet, dessen Ziel die bewusste Gestaltung des gesundheitskulturellen Verhaltens der Studenten und die Erhöhung ihrer physischen Aktivität ist. Nach unseren Vorstellungen sollten so die Studenten zu solchen Kenntnissen, Fähigkeiten und Fertigkeiten kommen, mit deren Hilfe sie die Freizeit der Kinder, die ihnen anvertraut sind, im Sinne einer aktiven Gesundheitsvorsorge wirksam organisieren können. Ihr gutes Beispiel kann in den Bereichen, in denen sie leben und arbeiten werden, bestimmend werden. Während der Hochschulausbildung halten wir neben der Aneignung der grundsätzlichen Kenntnisse die Möglichkeit der Nutzung eines breiten Sportangebots für wichtig – insebsondere gesundheitsfördernde Rekreationssportarten wie Aerobic, Inlineskating, Schwimmen, Tennis usw. Dadurch können sich die Studenten ein ihrem Gesundheitszustand und Sportinteresse geeignetes Bewegungsprogramm im Laufe ihrer Ausbildung auswählen. Die Wirksamkeit unserer Arbeit überprüfen wir mit einer empirischen Untersuchung. Unserer Forschungsarbeit haben sich inländische und ausländische Institutionen angeschlossen. Unsere Ergebnisse sind an mehreren Konferenzen und in Zeitschriften veröffentlicht worden.

Diese Studie charakterisiert die physische Aktivität und den Gesundheitszustand der Pädagogen-Kandidatinnen mit der Teilnahme von der Benedek Elek Pädagogischen Fakultät der Westungarischen Universität (Sopron) und der Stiftung Pädagogische Akademie Burgenland (Eisenstadt).

Beschreibung des Forschungsgegenstandes

Unser grundsätzliches Forschungsziel ist die Untersuchung der Sportgewohnheiten und des Gesundheitszustandes der Studentinnen während der Ausbildung, weiterhin die Erkennung der Motive, die die physische Aktivität beeinflussen.

Neben den geerbten Faktoren gestalten auch der gesellschaftliche Wertmaßstab und die Umwelt die Person und das Benehmen der Person. Ein interessanter Aspekt unserer vergleichenden Untersuchung kann die Fragestellung sein, was für Abweichungen die Eigenheiten der Erziehung und die Unterschiede des gesellschaftlichen Hintergrunds in den Ergebnissen der in Sopron und Eisenstadt untersuchten Gruppen zeigen.

Die zwei pädagogischen Institutionen liegen 20 km voneinander entfernt. Die geographische Nähe, das ähnliche Ausbildungsprofil und die Österreich mit Ungarn verbindende gemeinsame Vergangenheit bieten gute Möglichkeiten für die Zusammenarbeit und Organisierung gemeinsamer Forschungsprogramme.

Bei der Formulierung unserer Fragenstellungen und Hypothesen haben wir auch die Hilfe der österreichischen Gesundheitsstatistik in Anspruch genommen. Die Mortalitäts- und Morbiditätsdaten der zwei Länder charakterisieren viele gemeinsame Züge. Auch in Österreich zählen zu den häufigsten Todesursachen Herz-Kreislaufkrankheiten und Krebs. Diese beiden Krankheitsgruppen verursachten 2000 mehr als drei Viertel (76,7%) aller Sterbefälle. Gegenüber dem Vorjahr hat der Anteil der Sterbefälle durch Krankheiten des Herz-Kreislaufsystems an der Sterbefälle geringfügig ab –

(von 53,9% auf 52,2%), jener infolge von Krebs leicht zugenommen (von 23,9% auf 24,4%).

Die meisten Verdienstausfälle werden durch Probleme des Bewegungsapparats verursacht. Trotz vieler gemeinsamen Züge ist die volksgesundheitliche Lage von Österreich doch günstiger, da das Durchschnittsalter der Männer und Frauen um 10 Prozent höher ist – im Vergleich zum Durchschnittsalter der ungarischen Bevölkerung.

Aufgrund der oberen Feststellungen und Fakten haben wir die Hauptfragen und Hypothesen unserer Forschung formuliert.

F1: Was charakterisiert die physische Aktivität der Eisenstädter und Soproner Studentinnen?

H1: Im Vergleich zu den Soproner Studentinnen sind die Eisenstädter Studentinnen physisch aktiver.

F2: Was charakterisiert den Gesundheitszustand der Soproner und Eisenstadter Studentinnen?

H2: Der Gesundheitszustand der Eisenstädter Studentinnen ist besser im Vergleich zu dem der Soproner Studentinnen.

Die Forschungsmethode war die der schriftlichen Befragung. Die Daten der Querschnittuntersuchung wurden 2000 und 2001, im vierten Studiensemester, im April aufgenommen. Die untersuchte Population waren in Sopron die künftigen Kindergarten-Pädagoginnen und Sozialpädagoginnen, in Eisenstadt die zukünftigen Lehrerinnen der Grundschule (210 Personen). Im Zeitpunkt der Untersuchung war das durchschnittliche Alter der Soproner StudentInnen 20,6, das der Eisenstädter 20,4 Jahre. Da in beiden Ländern etwas 90 Prozent der Pädagogikkandidaten weiblich sind, stellen wir in unserer Studie nur die Ergebnisse der Studentinnen dar.

Forschungsergebnisse

- *Physische Aktivität*

In diesem Themenbereich haben wir die Häufigkeit des Sporttreibens außerhalb der Unterrichtsstunde untersucht, den geregelten Rahmen in der Mittelschule und an der Hochschule, das Sportinteresse und die Sportmotivation (Tabelle 1-4.).

Häufigkeit des Sporttreibens (%)

1.Tabelle

Entsprechende Häufigkeit		Mittlere Häufigkeit		Ungenügende Häufigkeit		
täglich	Wöchent- lich 4-6mal	wöchent- lich 2-3mal	wöchent lich 1mal	monat- tlich	seltener als monatlich	nie
4	**4**	**23**	**40**	**17**	**9**	**3**
0	*6*	*20*	*53*	*3*	*14*	*4*

Soproner Studentinnen: erste Datenreihe
Eisenstädter Studentinnen: zweite Datenreihe

Mit entsprechender Häufigkeit treiben 8 % der Soproner und 6% der Eisenstädter Studentinnen Sport. Diejenigen, die wöchentlich mindestens einmal irgendeine rekreative Sporttätigkeit in ihrer Freizeit treiben, reihten wir schon mit mittlerer Mäßigkeit in die Kategorie der Sportler ein. Ihr Prozentsatz ist 63, bzw. 73. 29, bzw. 21 Prozent der Befragten treibt mit ungenügender Häufigkeit Sport. Ihnen leisten die in dem Stundenplan registrierten Sportstunden die regelmäßige Möglichkeit des

12

Sporttreibens – soweit das die Studienpläne der Hochschule ermöglichen. Angesichts der wöchentlichen Häufigkeit des Sporttreibens können wir feststellen, dass die österreichischen Studentinnen aktiver sind. Die beliebtesten Sportarten der Eisenstädter Studentinnen sind Radfahren, Laufen und Tennis, die der Soproner das Aerobic.

Geregelte Rahmen des Sporttreibens in der Mittelschule (%)

2.Tabelle

Treibt im Schülersportverein Sport	Treibt im Verein Sport	Treibt nicht im Verein Sport
12	27	61
10	14	76

Soproner Studentinnen: erste Datenreihe
Eisenstädter Studentinnen: zweite Datenreihe

Geregelte Rahmen des Sporttreibens an der Hochschule (%)

3.Tabelle

Treibt im Studentensportverein Sport	Treibt im Verein Sport	Treibt nicht im Verein Sport
3	10	87
8	2	90

Soproner Studentinnen: erste Datenreihe
Eisenstädter Studentinnen: zweite Datenreihe

Wir haben den Prozentsatz der Schüler und Studenten ausgedrückt, die in der Mittelschule oder an der Hochschule in geregelten Rahmen Sport treiben. Für beide der untersuchten Gruppen ist charakteristisch, dass die Schüler schon in der Mittelschule die individuell organisierten Bewegungsprogramme bevorzugten, nur ein verhältnismäßig kleiner Prozentsatz hat im Verein Sport getrieben.

Sportinteresse

In diesem Bereich haben wir untersucht, in welchem Maß das Angebot an Rekreationssportarten – in den Sportstunden und außer den Sportstunden – der Hochschule das Interesse der Studentinnen geweckt hat.

„Haben Sie an der Hochschule eine solche Sportart oder Sportarten kennen gelernt, die Sie auch in den späteren Lebensjahren gern regelmäßig treiben würden?" – diese Frage beantworteten die Soproner Studentinnen:
- 46% mit ja,
- 54% mit nein.
Dieselbe Frage beantworteten die Eisenstädter Studentinnen:
- 4% mit ja,
- 96% mit nein.
Die genannten Sportarten waren folgende: Aerobic, Tennis, Inlineskating, Schwimmen, Sportspiele. Es war für uns interessant, dass nur 4% der Eisenstädter Studentinnen meint, sie habe an der Hochschule eine neue Sportart kennen gelernt. Der Grund dafür könnte sein, dass das Sportangebot schon in der Mittelschule groß war. Es ist allgemein bekannt, dass die ungarische Sporterziehung im Gymnasium und in den Berufsschulen das Sportinteresse der Schüler, das vom Individuum abhängt, weniger in Betracht

14

zieht, deshalb haben die Möglichkeiten der Hochschule eine größere Auswirkung auf sie ausgeübt.

Sportmotivation
Die Wirkung der Hochschulausbildung auf die physische Aktivität der Studentinnen haben wir mit dem Fragenkreis des Fragebogens untersucht, der auf die Sportmotivation hinweist.

Wer regt Sie zum Sporttreiben an? (%)

4.Tabelle

Eltern	Sport-lehrer	Train er	Freund	Arzt	Eigener Anspruch
6	22	2	14	2	54
6	*17*	*4*	*20*	*2*	*51*

Soproner Studentinnen: erste Datenreihe
Eisenstädter Studentinnen: zweite Datenreihe

In beiden Gruppen spiegeln die Ergebnisse sehr gut, dass der Sportlehrer neben den Freunden in diesem Lebensalter anregend auf die Teilnahme am Sporttreiben wirkt. Vom Standpunkt des Individuums hat die mögliche Wirksamkeit des Lehrers eine große Bedeutung, da dies die letzte Periode ist, in der planmäßige, regelmäßige und bewußte Erziehungskräfte in der Entwicklung der Persönlichkeit mitspielen. Es ist erfreulich, dass mindestens 50% der Studentinnen aus eigenem Ansporn Sport betreiben. Nach den Daten der ersten Tabelle ist dieser Anspruch mit der physischen Aktivität nicht immer gleichzusetzen.

15

- *Gesundheitszustand*

In diesem Themenbereich haben wir den Prozentsatz und die Krankheitstypen der gesunden Studentinnen ausgedrückt, und wir haben im Zusammenhang mit der Qualifizierung des Gesundheitszustandes Daten gesammelt (Tabellen 5-7).

Gesundheitszustand der Studentinnen(%)

5. Tabelle

Gesund	Krank(Veränderung im Gesundheitszustand)
68	32
88	*12*

Soproner Studentinnen:erste Datenreihe
Eisenstädter Studentinnen: zweite Datenreihe

Der Gesundheitszustand ist ein Faktor, der die physische Aktivität wesentlich beeinflusst. Wir sammelten objektive Angaben darüber, ob die Studentinnen zum Zeitpunkt der Untersuchung an einer Erkrankung litten. Die Angaben der 5. Tabelle zeigen, dass beinahe ein Drittel der Soproner Studentinnen eine Veränderung im Gesundheitszustand angab.
Jedoch muss in diesem Zusammenhang erwähnt werden, dass die Stichprobe der Soproner Studentinnen nahezu 8o der Sozialpädagogik beinhaltet, die unabhängig von ihrem

16

Gesundheitszustand an die Hochschule
aufgenommen werden konnten.

Die Arten der Veränderungen im
Gesundheitszustand(%)

6. Tabelle

	Soproner Studentinnen	Eisenstädter Studentinnen
Veränderung im Bewegungsorgan	11	0
Hypertonie	0	0
Störungen des Herzrhytmus und der Reizführung	1	0
Allergische Veränderungen der Atemwege	9	0
Asthma bronchiale	3	4
Andere Veränderungen	8	8

Wir untersuchten auch die Arten der Krankheiten.
Schon unsere früheren Ergebnisse zeigten, dass im
Kreise der Soproner Studentinnen die
Veränderungen im Bewegungsapparat und die
allergischen Veränderungen der Atemwege die
meisten Beschwerden verursachten. Insbesondere die
untersuchten Soproner Studentinnen zeigten -
angesichts des verhältnismääig hohen Prozentsatzes
der kranken Studentinnen – dass es außerordentlich
wichtig ist – dass es das Angebot an der Hochschule
ermöglicht, dass sich jede Studentin eine ihrem
Gesundheitszustand entsprechende Sportart wählen
kann.
Die Studentinnen aus Eisenstadt kennzeichneten am
häufigsten die 'anderen Veränderungen' auf dem
Fragebogen und nannten die konkrete Art der
Krankheit nicht.

Die Kennzeichnung des Gesundheitszustandes (%)

7. Tabelle

Sehr gut	Gut	Nicht sehr gut
6	78	16
37	*51*	*12*

Soproner Studentinnen: erste Datenreihe
Eisenstädter Studentinnen: zweite Datenreihe

Der Fachliteratur gemää h ängt die subjektive Beurteilung der Gesundheit eng mit dem tatsächlichen Gesundheitszustand zusammen, daher sind diese Zusammenhänge auch von wissenschaftlichen Interesse. Die Ergebnisse der 7. Tabelle, wonach die Studentinnen in Eisenstadt im Vergleich zu ihrer Soproner Altersgenossen ihre Gesundheit als wesentlich besser beurteilen, unterstützt unsere objektiven Angaben über ihren Gesundheitszustand.

- *Die die physische Aktivität und den Gesundheitszustand unterstützenden Faktoren*

Wir stellen in unserer Studie soziologische Charakteristika dar, die die Lebensweise der untersuchten Personen beeinflussen können, ohne danach zu streben, eine vollkommene Liste der möglichen Faktoren anzugeben. Das Alter, das Geschlecht, die Ausbildung und der Wohnort üben eine bestimmte Wirkung auf die physische Aktivität und damit auf den Gesundheitszustand der

18

Individuen aus. Die untersuchten Personen sind Jugendliche, ihre Möglichkeiten hinsichtlich des Sporttreibens - im Verhältnis zu den späteren Lebensjahren - sind noch als gut zu beurteilen. Geschlechtsmäßig sind sie Frauen, aber in diesem Lebensalter können Frauen und Männer mit gleicher Chance am Sport teilnehmen (die Chance der Frauen für regelmääiges Sporttreiben mindert sich mit der Familiengründung und dem Kindersegen).

Ausbildung der Eltern (%)

8. Tabelle

Typ der Schule	Vater	Mutter
Universität, Hochschule	26 *13*	25 *13*
Gymnasium Fachmittelschule	40 *22*	52 *33*
Berufsschule	30 *49*	19 *42*
Grundschule	4 *16*	4 *10*
Kein Grundschulabschluss	0 *0*	0 *2*

Soproner Studentinnen: erste Datenreihe
Eisenstädter Studentinnen: zweite Datenreihe

Der Fachliteratur nach führt ein höherer Schulabschluss zur Entwicklung der kultivierten Lebensweise und der Körperkultur. Die Angaben der Tabelle widersprechen scheinbar dieser Feststellung, da die Sportreibgewohnheiten der Soproner Studentinnen nicht besser sind, obwohl ihre Eltern einen höheren Schulabschluss besitzen. Wir sind der Meinung, dass das regelmäßige Sporttreiben in Österreich in der gesellschaftlichen Wertordnung eine bessere Stelle einnimmt als in Ungarn, so baut sich die Bedeutung der physisch aktiven Lebensart in die Sichtweise der mittelmäßig geschulten Schicht ein.

Die Verteilung der Studentinnen hinsichtlich ihres Wohnortes (%)

9. Tabelle

Hauptstad t	Komitatssitz	Andere Stadt	Dorf	Gehöft
5	16	51	28	0
0	*16*	*12*	*69*	*2*

Soproner Studentinnen: erste Datenreihe
Eisenstädter Studentinnen: zweite Datenreihe

Es ist für die Studentinnen beider Länder charakteristisch, dass sie das Wochenende im allgemeinen auf ihrem Wohnort verbringen. Daher sind neben den Einflüssen der Hochschule die der heimischen Umgebung auch in Betracht zu ziehen. In Städten ist das Sportangebot größer, es gibt mehr Sportanlagen. In den kleineren Siedlungen sind die Möglichkeiten zum Sporttreiben bescheidener. Laut diesen Daten leben mehr Soproner Studentinnen in größeren Siedlungen, da aber die kleineren Siedlungen in Österreich eine bessere Sitaution in Hinblick auf die Ausstattung mit Sportanlagen charakterisiert sind, kommen die Eisenstädter Studentinnen in keine ungünstigere Lage.

Fazit

Die Gesundheit eines Individuums wird von zahlreichen Faktoren beeinflusst: von der Lebensweise, von dem Niveau des Sanitätswesens, von der Umweltverschmutzung, von den gesellschaftlichen Unterschieden usw. In unserer Studie untersuchten wir den Gesundheitszustand im Zusammenhang mit der physischen Aktivität. Wir charakterisierten sowohl die Sportausübung der Pädagogikstudentinnen in Sopron und Eisenstadt, als auch ihre gesundheitlichen Veränderungen und deren Arten. Wir zogen einige soziologische Faktoren auch in Betracht, die die Möglichkeiten des Sporttreibens beeinflussen, beziehungsweise deren Rahmen gestalten.

Wir folgerten die physischen Aktivität der untersuchten Personen aus der wöchentlichen Häufigkeit des Sporttreibens. Unsere Hypothese, wonach die Studentinnen in Eisenstadt physisch aktiver seien, hat sich bestätigt. Der Unterschied zwischen den Datenreihen war auch mathematisch-statistisch nachweisbar. In beiden Gruppen ist der Prozentsatz der Studentinnen groß, die mit einer mittleren Häufigkeit Sport treiben (63%, 73%). Die inaktive Lebensweise ist für 29% der Soproner Studentinnen und für 21% der Eisenstädter Studentinnen charakteristisch. Diese verhältnismääig große Ziffer macht uns auf die Wichtigkeit der Sportstunden im Hochschulwesen aufmerksam. Die Ergebnisse zeigen, dass die Studenten die individuell organisierten Sportmöglichkeiten bevorzugen. Die Lust zum Sport wird von den Freunden am Leben gehalten, und die Person des Sportlehrers ist aus dem Hinsicht der Sportmotivation auch in diesem Lebensalter wesentlich. Im Zusammenhang mit den

Faktoren, die die physische Aktivität beeinflussen, stellten wir fest, dass weder die höhere Schulausbildung, noch das im größerem Anteil städtische Domizil den Soproner Studentinnen als Vorteil gelten, wenn es um sportliche Aktivitäten geht.

Der Gesundheitszustand der untersuchten Personen im österreichischen Muster ist besser, als der der untersuchten Personen in Ungarn. Unsere Forschung hat auch nachgewiesen, dass der signifikant bessere Gesundheitszustand eine optimalere Möglichkeit zum Sporttreiben bietet und eine aktivere Lebensführung ermöglicht.

Wir haben mit Freude wahrgenommen, dass die Anstrengungen des Lehrstuhls für Sport erfolgreich waren und die Ausbildung der Studentinnen an der Hochschule eine günstige Veränderung im Verhalten auf dem Gebiet der physischen Aktivität verursachte. Das reiche Sportangebot, die erworbenen theoretischen und praktischen Kenntnisse übten eine positive Wirkung auf die Studentinnen aus, und minderten den jenen körperlichen Nachteil, mit dem sie in die Institution gelangt waren.

Wir müssen hervorheben, dass wir in der Studie den Leser über ein Teilergebnis informiert haben. Die regelmäßige Abhärtung muss mit anderen gesundheitlichen Gewohnheiten vervollständigt werden, um bestimmte Krankheiten vorzubeugen. Deswegen ist es die weitere Aufgabe unserer Zusammenarbeit, dass wir unsere Untersuchung auf weitere Faktoren der Lebensweise ausbreiten, die die Gesundheit beeinflussen.

Hiermit bedanke ich mich bei Herrn Dr. Johann Pehofer, dem Professor für Humanwissenschaften an der Stiftung Pädagogische Akademie Burgenland, dass er unsere gemeinsame Forschung ermöglicht und in deren Ableitung mitgewirkt hat.

Literatur

Bucsy G.-né (2000): Einige Parameter physischer Aktivitäten und Sportinteressen, zusammengestellt von den Studentinnen der Soproner Hochschule. Interakcija Odrasli – Dijete I Automatija Djeteta. Osijek 64-74.

Földesiné Szabó, Gy.(1999): Semi – Amateurs, semi – Professionals. MOB.Bp.

Frenkl,R. (1993): „Sport And Way Of Life". 2ND National congress on sport sciences.physical culture – Mental hygiene – Primary prevention. MTE. Bp. 43-47.

Hebbelinck, M. (1993): „Sport And Way Of Life". 2ND National congress on sport sciences. A healthy lifestyle, physical fitness and prevention of disease. MTE. Bp. 17-33.

http:/ www. statistik at/fachbereich_03/gesundheit_txt.shtml 2001.11.25.

Autorin:

Dr. Bucsy Gellértné

Lehrstuhlleiterin des Bereichs Sport an der

Westungarischen Universität, Fakultät für Sozial-

und Kindergartenpädagogik in Sopron.

Sylvia Wartha

Konflikte in der Schule

1. Einleitung

Wo Menschen sind, gibt es gegensätzliche oder scheinbar gegensätzliche Interessen. Dies gilt für die Weltpolitik ebenso wie für das Zusammenleben von Menschen im Kleinen. Vermittler versuchen, in bewaffneten Konflikten zwischen Ländern oder nationalen Gruppierungen einen Konsens zu erreichen, ein friedliches Zusammenleben zum Vorteil aller zu ermöglichen. Konflikte gibt es aber auch innerhalb der Familie. Jeder Mensch erlebt immer wieder bei seinen Entscheidungen in sich selbst den Kampf der Motive, um dann eine Entscheidung zu treffen und eine Tat zu setzen.

Die Schule ist ein Ort, in dem vielerlei Menschen mit zum Teil völlig unterschiedlichen Interessen beisammen sind. Dass es gerade dort zu Konflikten kommen muss, ist naheliegend. Schüler und Lehrer scheinen oft einen Kampf gegeneinander zu führen, anstatt einem gemeinsamen Ziel zuzusteuern.

Diese Arbeit ist ein Versuch, ein neues Konfliktbewusstsein zu wecken. Dabei geht es nicht darum, Konflikten aus dem Weg zu gehen, sondern sie zu erkennen und neue Wege zu finden, sie zu lösen.

2. Begriffsbestimmung von Konflikt

„Konflikt" ist vom Lateinischen „conflictus" abgeleitet und bedeutet „Zusammenstoß, Streit oder Kampf." (vgl. Wahrig, S. 754)

„Konflikt bezeichnet das gleichzeitige Auftreten von zwei oder mehreren gegenseitig sich ausschließenden Impulsen, die sowohl innerhalb einer Person entstehen können, als auch zwischen verschiedenen Menschen." (Reinhold, Pollak, Heim, S. 305)

2.1. Intrapersonaler Konflikt

Widersprüchliche Handlungstendenzen können selbstverständlich auch innerhalb einer Person auftreten, man spricht dann von einem intrapersonalen Konflikt (vgl. Neubauer, S. 7). „Intraindividueller Zustand, der durch zwei gleichzeitig auftretende antagonistische Ereignisse, Motive, Absichten, Bedürfnisse (Antriebe), Handlungsziele bzw. Handlungstendenzen ausgelöst und durch die dabei erfahrene, nach Lösung drängende Spannung gekennzeichnet ist." (Fröhlich, S. 266)

2.2. Interpersonaler Konflikt

„Zusammenstoß, im sozialwissenschaftlichen Sinne allgemeine Bezeichnung für Gegensätzlichkeiten, Spannungen, Gegnerschaften, Auseinandersetzungen, Streitereien und Kämpfe unterschiedlicher Intensität zwischen verschiedenen sozialen Einheiten: innerhalb und zwischen sozialen Rollen (Rollenkonflikt), sozialen Gruppen, Organisationen, Gesetzesbereichen, Gesetzen, Staaten und überstaatlichen Verbindungen." (Hillmann, S. 432)
Trotz unterschiedlicher Definitionen und unterschiedlicher Auffassungen im Hinblick auf die Beschreibung und Gliederung von Konflikten lässt

sich hinsichtlich der wichtigsten Kennzeichen eines aktuellen interpersonalen Konflikts eine weitgehende Übereinstimmung feststellen:

- Vorhandensein von mindestens zwei Konfliktparteien

Bei einem Konflikt gibt es zwei oder mehrere Parteien, die sich gegenüberstehen und die inhaltlich verschiedene Standpunkte einnehmen, wobei das Verhalten der einen Partei Konsequenzen für das Verhalten der anderen Partei nach sich zieht.

> Beispiel:
> Der Lehrer möchte in dieser Unterrichtsstunde ein bestimmtes Stoffgebiet behandeln, während die beiden Mädchen zur selben Zeit sich über private Dinge unterhalten wollen.

Zu beachten ist dabei, dass eine solche »Partei« immer nur durch konkrete Personen repräsentiert wird, also beispielsweise eine Einzelperson, eine Gruppe oder eine Organisation, jedoch nicht durch abstrakte Prinzipien oder Ideen.

- **Unvereinbarkeit der Handlungstendenzen**

Aus dem Beispiel wird ferner deutlich, dass sich die Verhaltensabsichten des Lehrers und der beiden Schülerinnen nur schlecht miteinander vereinbaren lassen.
Ganz allgemein sind Konflikte durch Handlungsdispositionen gekennzeichnet, die

miteinander unvereinbar sind oder sich sogar gegenseitig ausschließen (Inkompatibilität der Handlungstendenzen). Diese diskrepanten Standpunkte erklären sich aus der Wirksamkeit subjektiver Interessen (Motive), grundlegender Überzeugungen und Werthaltungen sowie aus den damit zusammenhängenden besonderen Erwartungen und Einstellungen.

Aus diesem Grunde gibt es auch bei den beteiligten Parteien unterschiedliche Sichtweisen und Beurteilungen von Sachverhalten. Der Lehrer betrachtet den Vortrag als Mittel, sein Ziel zu erreichen, während die Schülerinnen den Vortrag ignorieren oder sogar als hinderlich für ihre Ziele wahrnehmen.

- **Unvereinbarkeit des Verhaltens**

Als drittes Kennzeichen ist das direkt beobachtbare Konfliktverhalten zu nennen. Meinungsverschiedenheiten sind alleine noch keine Konflikte, wenn sie sich nicht in einem entsprechenden Interaktionsverhalten manifestieren. (vgl. Neubauer, S. 5-6)

2.3. Konflikte in der Schule/Ausbildung

Konflikte in der Schule oder Ausbildung kann man als „eine berufsfeldspezifische Auseinandersetzung, Belastung und/oder Schwierigkeit, die die betroffenen Personen emotional, kognitiv und oder physisch beeinträchtigt" (Becker, S. 17) definieren.

3. Konflikte in ihrer Funktionalität und Dysfunktionalität

Konflikte werden in unterschiedlicher Weise wirksam und haben konträre Funktionen zu erfüllen. Zumeist wirken Konflikte dysfunktional, d.h. sie

- machen betroffen,
- führen zu Beeinträchtigungen,
- erzeugen negative Gefühle und Stress
- verzögern oder verhindern die Lehr-Lern Prozesse im kognitiven Bereich,
- belasten das Lern- und Gruppenklima,
- vergiften die Schulatmosphäre,
- verhindern die konstruktive Kooperation und
- wirken im Extremfall zerstörerisch.

Konflikte wirken in einer anderen Weise konstruktiv, und sie haben zahlreiche Aufgaben zu erfüllen. Sie sind funktional, weil sie

- existenzbedeutsam sind,
- entwicklungspsychologisch betrachtet unverzichtbar sind,
- zahlreiche Chancen zum sozialen Lernen bieten,
- die Einübung demokratischer Spielregeln und Umgangsformen ermöglichen,
- geeignet sind, überfällige Reformen voranzutreiben,
- zur Aufklärung von strafbaren Handlungen beitragen und
- benötigt werden, um gerechtfertigte Anforderungen zu stellen und diese auch durchzusetzen. (vgl. Becker, S. 20-21)

4. Konflikte in der Schule

Erwachsene verbringen viel Zeit damit, Kindern und Jugendlichen zu helfen, neue Kenntnisse zu erwerben oder zu neuen Einsichten zu gelangen.

Nur zu häufig entdecken Eltern, Lehrer und Jugendarbeiter zu ihrer Verzweiflung, dass ihr Wunsch, jungen Menschen etwas Wertvolles beizubringen, kein Echo findet. Statt dessen begegnen sie hartnäckigem Widerstand, geringer Motivation, schwacher Konzentration, unerklärlichem Desinteresse und oft unverhüllter Feindseligkeit. Wenn junge Menschen, scheinbar grundlos, das zu lernen verweigern, was Erwachsene ihnen so selbstlos und altruistisch beibringen wollen, wird das Lernen zu Qual. Beim Lehrer kann eine solche Erfahrung das Gefühl eigener Unzulänglichkeit, Hoffnungslosigkeit sowie vollkommener Erschöpfung auslösen und zu tiefer Verstimmung gegenüber dem unwilligen und undankbaren Schüler führen. (vgl. Gordon, S. 17-18) Umgekehrt kann aber auch der Lehrer ähnliche Gefühle bei Schülern auslösen und in ihnen Angst, Verzweiflung und Hoffnungslosigkeit erzeugen.

4.1. Wodurch werden Konflikte in der Schule erzeugt?

In zwischenmenschlichen Beziehungen sind Konflikte unvermeidlich, und die Lehrer-Schüler-Beziehung bildet keine Ausnahme. Lehrer befinden sich häufig in Situationen, in denen ihre Ich-Botschaften keine Veränderung eines unangenehmen Verhaltens bewirken oder in denen ihre Anstrengungen zur Veränderung der Lernumwelt im

Klassenzimmer nichts nutzen. Wenn diese Methoden versagen, treten Konflikte auf.

Zeigen Konfrontation und Umweltveränderung keine Resultate, so hat dies in der Regel zwei Gründe. Entweder sind die Bedürfnisse, die ein unannehmbares Schülerverhalten motivieren, so stark, dass die Schüler sich nicht ändern können oder wollen, oder die Beziehung zum Lehrer ist so schlecht, dass es den Schülern total gleichgültig ist, ob sie den Bedürfnissen des Lehrers entgegenkommen können. (vgl. Gordon, S. 164)

Der Lehrer wiederum versteht aber oft nicht die Ich-Botschaften der Schüler und er will sich oft gar nicht die Mühe nehmen, auf die Bedürfnisse der Kinder oder Jugendlichen einzugehen.

Ob ein Konflikt nun zu einer kleinen Unstimmigkeit oder einer ernsten Auseinandersetzung führt, der Grund ist immer derselbe: Eine oder beide Parteien behaupten, dass das Verhalten des anderen der Befriedigung der eigenen Bedürfnisse im Wege steht. (vgl. Gordon, S. 167)

4.2. Wer besitzt das Problem?

Um Probleme und Konflikte verstehen und lösen zu können, ist es notwendig zu erkennen, wer das Problem besitzt.

Um die Probleme besser zu erkennen und zu bewältigen, verwendet Gordon ein Rechteck. Der untere Teil des Rechtecks ist die Zone unannehmbarer Verhaltensweisen, die der Befriedigung der Bedürfnisse des Lehrers im Wege stehen oder den Lehrer veranlassen, sich frustriert, besorgt, irritiert oder ärgerlich zu fühlen. Diese Verhaltensweisen verursachen den Lehrern ein Problem. Damit der Unterricht fortgesetzt werden kann, muss der Lehrer jedes dieser Probleme unmittelbar nach Auftreten lösen.

Anders sieht es aus, wenn ein Schüler ein persönliches Problem, das nichts mit der Schule zu tun hat, besitzt. Der Ärger und die Enttäuschung des Schülers berühren den Lehrer in keiner Weise greifbar und konkret. Es berührt den Schüler, er hat ein Problem.

Zwischen diesen beiden Rechtecken liegt eine problemfreie Zone, in der weder Lehrer noch Schüler ein Problem besitzen. Nur in der problemfreien Zone der Beziehung können Lehren und Lernen effektiv sein. (vgl. Gordon, S. 44-47)

	Schüler besitzt das Problem	Schüler drückt Zorn und Enttäuschung aus
	kein Problem	Schüler arbeitet ruhig und vergnügt
Linie der Annahme		
	Lehrer besitzt das Problem	Schüler schneidet seine Initialen in seine Tischplatte

(vgl. Gordon, S. 46)

4.3. Aspekte der Schüler-Lehrer Beziehung

Lehrer spielen eine außergewöhnlich wichtige Rolle im Seelenleben der Lernenden und werden häufig mit stark ausgeprägten positiven und negativen Gefühlen belegt.

Salzberger-Wittenberg (S. 43) geht nun näher auf die Erwartungshaltung von Lernenden gegenüber Lehrenden ein und untersucht, welche realistisch und einer funktionierenden Beziehung förderlich sind, und welche die Arbeit, das Lernen und die Entwicklung behindern.

4.3.1. Lehrende als Quelle von Wissen und Weisheit

Nur wenn Kinder oder Erwachsene erkennen, dass es niemanden gibt, der ihnen alles erklären kann, werden sie in der Lage sein, zwischen den wirklich guten Lehrern zu unterscheiden, die sie das Zweifeln, Beobachten und Denken lehren, und jenen, die nur oberflächliches Wissen und bequeme Lösungen anzubieten haben. (vgl. Salzberger-Wittenberg, S. 43-45)

4.3.2. Lehrende als Quelle von Fürsorge und Trost

Manchmal suchen Lernende Rat und Unterstützung. Dabei ist zu unterscheiden, ob sich die Erwartungshaltung auf die Fähigkeiten und die Hilfsbereitschaft des Erwachsenen bezieht, oder ob es sich um die kindlichere Forderung nach automatischer Befriedigung aller Bedürfnisse und Wünsche des Lernenden durch den Lehrenden handelt. Wahrscheinlich besteht ein universelles Streben, den Zustand des Säuglingsalters wiederherzustellen und in den Genuss der hingebungsvollen und ausschließlichen Liebe und Sorge einer mütterlichen Figur zu gelangen. Lehrer werden sehr leicht zum Objekt kindlicher Hoffnungen. Können die Wünsche nicht erfüllt werden, muss man damit rechen, dass sich das Kind im Zorn und mit dem Vorwurf mangelnder Hilfsbereitschaft vom Lehrer abwendet, um jemanden anderen zu suchen, der seinen Wünschen besser nachzukommen verspricht. (vgl. Salzberger-Wittenberg, S. 45-48)

4.3.3. Lehrende als Objekte von Bewunderung und Neid

Bewunderung geht Hand in Hand mit Vergleichen zwischen der eigenen und der anderen Person. Das kann Rivalität zur Folge haben und Über- bzw. Unterlegenheitsgedanken beinhalten. Ein Schüler, der Neid empfindet, betrachtet die Lernsituation möglicherweise nicht als notwendige Phase der Entwicklung, sondern als Versuch, ihn zu demütigen und ihm das Gefühl zu geben, dumm zu sein. Das erzeugt Verärgerung und Ablehnung und ist ein Hindernis für das Lernen. (vgl. Salzberger-Wittenberg, S. 48-50)

4.3.4. Lehrende als Richter

Es ist wahrscheinlich, dass Lehrer, die von ihren Schülern respektiert werden, gelegentlich um konstruktive Kritik gebeten werden. Das kann den Schülern helfen, bessere Erfolge zu erzielen und das selbst gesetzte Ziel zu erreichen. Diese Kritik könnte aber auch als allzu scharf oder destruktiv empfunden werden und der Lehrer als Nörgler und Besserwisser. Lernende reagieren auf jede Kritik seitens der Lehrenden äußerst empfindlich und oft mit großer Verzweiflung. (vgl. Salzberger-Wittenberg, S. 50)

4.3.5. Lehrende als Autoritätspersonen

Lernende schreiben Lehrenden in den meisten Fällen beträchtliche Macht zu. Ihre Hoffnungen und Ängste können äußerst unrealistisch und extrem sein.

Einerseits halten sie Lehrer für eine gute Autorität, die Frieden, Harmonie, Rettung und Linderung bringen kann, andererseits fürchten sie, dass die Autoritätsperson ihre Machtposition missbrachen wird. Bei realistischer Betrachtung wird man den Lehrern gerade soviel Autorität zuschreiben, als sie brauchen, um Gewalt unter Kontrolle zu halten, die Grenzen für unangemessenes Verhalten festzulegen und mit wohlwollender Unnachgiebigkeit gegen Destruktivität, Nachlässigkeit und Faulheit aufzutreten, sodass die konstruktiveren Elemente der eigenen Persönlichkeit und anderer in der Gruppe in der Vordergrund treten können. Darin äußert sich der Wunsch nach einen warmherzigen Lehrer, der zwar hohe Ansprüche an seine Schüler stellt, aber sie dabei nicht durch Strenge oder mangelnde Nachsicht für ihre unvermeidlichen Fehler oder menschlichen Schwächen einschüchtert. (vgl. Salzberger-Wittenberg, S. 50-52)

Die Beziehungen zu Autoritäten sind geprägt von einer starken Ambivalenz der Gefühle. Unter Ambivalenz wird die gleichzeitige Anwesenheit einander entgegengesetzter Gefühle, wie Liebe und Hass, Furcht und Freude, in der Beziehung zu ein und demselben Objekt verstanden.

Wenn ein Unterricht auf „ein politisches Engagement der Schüler und der Lehrer", wie es der Grundsatzerlass fordert, abzielt, so ist es notwendig, die Dimension der Macht und der Autorität zum Lerngegenstand zu machen. „Verantwortungsbewusste, selbstständige Tätigkeit" setzt die Fähigkeit voraus, Führungsfunktionen wahrzunehmen und um die eigenen Interessen Bescheid wissen. (vgl. Diem-Wille, S. 68)

Es gibt zwei Arten von Autorität: zum einen die Autorität aufgrund von Fachkenntnis, Wissen und

Erfahrung, zum anderen die aufgrund der Position. Die Macht, die Lehrer oder Ausbilder aufgrund ihrer Position ausüben können, umfasst im wesentlichen folgende Aspekte:

- Dinge, die Schüler brauchen oder möchten, zu verteilen (belohnen)
- Unannehmlichkeiten oder Schmerzen zu verursachen (bestrafen)

Die Autorität aufgrund der Position basiert auf der Abhängigkeit der Schüler. Beim Einsatz der Autorität aufgrund der Position reguliert der Lehrer die Situation durch Verteilen von Belohnungen und von Bestrafungen. Der Erfolg dieser Methode ist an das Abhängigkeitsverhältnis Schüler-Lehrer gebunden. Da diese Abhängigkeit mit dem Heranwachsen der Schüler abnimmt, nehmen nicht nur die Möglichkeiten Belohnungen und Bestrafungen einzusetzen ab, sondern auch deren Effizienz. Die Lehrer fühlen sich angesichts der immer ineffektiver werdenden Belohnungen und Bestrafungen oftmals hilflos. (vgl. Gordon, S. 178-181)

Die Anwendung der Autorität basierend auf der Position bedeutet Einsatz von Macht. Die Ausübung von Macht wirkt sich destruktiv auf jegliche Art von zwischenmenschlichen Beziehungen aus, also auch auf die Beziehung zwischen Lehrer und Schüler. In diesem Fall ruft sie bei den Schülern negative Gefühle hervor und resultiert in negativen Verarbeitungsmechanismen. (vgl. Gordon, S. 184-185)

Gordon (S. 186) führt in einer Tabelle durch Macht erzeugte Gefühle und dazugehörige Verarbeitungsmechanismen an:

Gefühle	Verarbeitungsmechanismen
Unmut, Ärger, Feindseligkeit	*rebellieren, Widerstand leisten, trotzen*
Frustration	*sich rächen, zurückschlagen*
Hass	*sich wehren, kämpfen*
Verlegenheit	*lügen, verheimlichen, Gefühle verbergen*
Unwürdigkeit	*andere beschuldigen, petzen*
Furch, Angst, Unsicherheit	*schummeln, abschreiben*
Unglücklichsein, Traurigkeit, Depression	*andere tyrannisieren, schikanieren, herumkommandieren*
Bitterkeit, Rachsucht	*unbedingt gewinnen wollen, es hassen zu verlieren*
Machtlosigkeit, Unbeweglichkeit	*sich organisieren, Bündnisse schließen*
Eigensinn, Trotz	*sich unterordnen, nachgeben, des Lehrers „Liebling" werden*
Konkurrenzdenken	*für „gutes Wetter" sorgen, schmeicheln*
Erniedrigung, Apathie	*nicht aus der Reihe tanzen, kein Risiko eingehen, nichts Neues ausprobieren, sich zurückziehen, phantasieren, regredieren, weglaufen*

4.4. Aspekte der Lehrer-Schüler-Beziehung

„Lehrende betrachten ihre Schüler von zwei Perspektiven aus: vom Standpunkt der für ihre Ausbildung verantwortlichen Erwachsenen und zugleich mit einem von den eigenen Erfahrungen geprägten Bewusstsein, was es heißt, Kind, Jugendlicher, Schüler zu sein, und ihrer sich daraus ergebenden Vorstellung von den Gefühlen, die Schüler Erwachsenen und Lehrern entgegenbringen. Gerade diese Vorstellung von der Art der Beziehung zwischen Lehrenden und Lernenden hat auch die Berufsauffassung der angehenden Lehrer geprägt und dazu geführt, dass sie beabsichtigten, entweder die selbst erlebten Erziehungsmethoden weiterzugeben, oder aber solche, die sie gern erlebt hätten." (Salzberger-Wittenberg, S. 61)

4.4.1. Wünsche der Lehrenden

- **Wissen und Können weitergeben**

Man muss unterscheiden, ob es sich um den großzügigen Wunsch handelt, das eigene Wissen mit anderen zu teilen, oder um die Überzeugung, dass Lehrer den Schülern das beibringen müssen, was sie für „richtig" halten, in der arroganten Annahme zu wissen, was „gut" für sie sei. Wenn Lernende gezwungen werden, zu akzeptieren, was man ihnen vorsetzt, wird ihr Drang, gegen Schwierigkeiten anzukämpfen, und die Bereitschaft, aus eigenen Erfahrungen zu lernen, stark beeinträchtigt, und nur die wirklich Aufmüpfigen und Unbeeinflussbaren lassen sich dadurch nicht beirren. (vgl. Salzberger-Wittenberg, S. 63)

- **Den Erfolg fördern**

Viele Lehrer haben große Freude an den Erfolgen ihrer Schüler. Gelegentlich steht hinter dem Erfolgsstreben der Lehrer auch das Bedürfnis, ihre eigenen Leistungen ins rechte Licht zu rücken. Das kann dazu führen, dass sie überhöhte Anforderungen an die Schüler stellen. Allzu leicht verlieren sie auch das Interesse an den langsamen Schülern, die ihrem Ansehen nicht förderlich sind. (vgl. Salzberger-Wittenberg, S. 64)

Schulische Überforderung kann sich zunächst in schlechten Schulleistungen auswirken und auf Dauer zu einer behandlungsbedürftigen Störung entwickeln. Die kindlich-jugendlichen Reaktionen auf Überforderung umfassen introversive (Angst, Scheu, Rückzug, Depressivität, Suizidalität), extraversive (Dysphorie, Aggression, Schuleschwänzen), psychomotorische (Enuresis, Somatisierungsstörungen) Muster. In schulische Überforderung führen oft auch Teilleistungsstörungen wie zum Beispiel Legasthenie, Akalkulie bzw. Dyskalkulie. Diese Störungen unterliegen auch einer gesellschaftlichen und kulturellen Bewertung, was eine zusätzliche Belastung für die Betroffenen sein kann. Die Reaktionen auf die schulische Überforderung stellen ein Konfliktpotential dar. (vgl. Seibert, S. 72-74)

- **Die Entwicklung der Persönlichkeit fördern**

Lehrer sollen überprüfen, wie weit ihre Handlungen ihren Ansichten entsprechen: Versuchen sie den Kindern ihre eigenen Ansichten aufzuzwingen oder gestehen sie ihnen Meinungen, Einstellungen und Wertsysteme zu, die von ihren abweichen, geben sie ihnen die Möglichkeit, ihre eigene Persönlichkeit zu entwickeln? Schaffen sie einen Rahmen, in dem die, die von ihnen abhängig sind, sich zu unabhängigen Erwachsenen entwickeln können, oder benutzen sie ihre Abhängigkeit dazu, den Zustand der Kindheit aufrechtzuerhalten? Häufig jedoch steckt das Bedürfnis dahinter, andere Menschen in Abhängigkeit zu halten. Sie überschütten ihre Schüler oft mit Aufmerksamkeiten und Geschenken, um ihre Zuneigung zu erlangen und sich unentbehrlich zu machen. (vgl. Salzberger-Wittenberg, S. 65)

- **Den Schülern Freunde sein**

Lehrer von Heranwachsenden und jungen Leuten sehen sich oft als Freunde ihrer Schüler. Die mütterliche oder väterliche Sorge gegenüber Schülern muss jedoch deutlich unterschieden werden von Verhaltensweisen, die in Richtung von Verführung gehen oder sogar strafbar sein können. Es entsteht dabei der Wunsch der Lehrenden, die verlorene Jugend wiederzuerlangen oder nicht als Autoritätsperson gesehen zu werden. Dieses Verhalten entsteht oft aus der Angst vor der Feindseligkeit und Aggression, die einem in einer solchen Position entgegenschlagen können. (vgl. Salzberger-Wittenberg, S. 66-67)

4.4.2. Die Ängste Lehrender

- **Angst vor Kritik**

Es ist sehr wahrscheinlich, dass die fachlichen Fähigkeiten, das Aussehen und das Verhalten der Lehrer einer ständigen kritischen Bewertung unterzogen werden. Es ist wichtig, dass Lehrer sich ihrer Schwächen bewusst sind und damit fertig werden. Lehrer, die jede negative Bemerkung als Angriff empfinden, werden mit großer Wahrscheinlichkeit „zurückschlagen" und ihren Schülern mit strenger Kritik begegnen. (vgl. Salzberger-Wittenberg, S. 68)

- **Angst vor Feindseligkeit**

Aus Angst vor Aggression und Neid versuchen viele Lehrer, in ihrer Beziehung zu den Lernenden Gefühle völlig auszublenden. Der Lernende staut dadurch negative Gefühle auf und versucht, sie anderweitig zu kanalisieren, entweder bei anderen Lehrern oder bei jemandem außerhalb der Schule. Lernende mit wenig Selbstbeherrschung werden zunehmend aggressiv in der Hoffnung, dass sie jemand ernst nimmt und ihnen durch das Aufzeigen von Grenzen hilft, mit ihren Aggressionen fertig zu werden. (vgl. Salzberger-Wittenberg, S. 69)

- **Angst, die Beherrschung zu verlieren**

Lehrer sind in ihrer Beziehung zu einzelnen Schülern oder zur ganzen Klasse, aber auch in den Beziehungen zwischen den Schülern mit vielen Spannungen konfrontiert. Es besteht die Gefahr, dass sie die Beherrschung verlieren, dass ein zerstörerisches Kind die Arbeit anderer zunichte machen versucht oder dass die ganze Gruppe außer Kontrolle gerät. Es ist oft schwierig, genügend Freiraum zu gewähren und dennoch die Zügel in der Hand zu behalten. Manche Lehrer sind der Meinung, dass man Kinder nur beherrschen kann, wenn man sehr strenge Grenzen zieht und beim geringsten Ungehorsam Strafen austeilt.

Außerdem haben auch Lehrende Angst vor Nähe und einer herzlichen Beziehung. Ihr Verhalten ist kühl und distanziert. Sie gehen näheren Kontakten aus den Weg, indem sie keine Zeit dafür übriglassen oder Schüler, die ihnen das Herz ausschütten wollen, mit ein paar aufmunternden Worten abfertigen. Es wird unterschätzt, wie sehr es schon helfen kann, wenn man seinen Kummer jemandem mitteilen kann. (vgl. Salzberger-Wittenberg, S. 69-71)

5. Lösen von Konflikten

Laut Diem-Wille (S. 76-77) sind Beispiele einer kreativen Konfliktlösung in unserer Erziehung weitgehend unbekannt. „Vorherrschend ist die Technik, Konflikte zu verdrängen, sie zu vermeiden, indem man sich weigert, sie zur Kenntnis zu nehmen. Ungelöste Konflikte sind jedoch weiterhin wirksam, es entstehen Vorurteile gewissen Personen oder Personengruppen gegenüber, Misstrauen und Vorsicht. Jede der beiden Konfliktparteinen wartet darauf, erneut zu sehen (zu zeigen), wie schlecht sich der Konfliktgegner verhält, und versucht, das nächste Mal einen Sieg zu erringen – oder vermeidet jeden Kontakt. Das heißt, die Unterdrückung von Konflikten führt zu neuen, meist schärferen Konflikten; es entsteht ein Zirkel."
Neben der Konfliktvermeidung wird aber auch auf den Kampf, der die Vernichtung oder die Unterordnung bzw. Unterwerfung des Gegners anstrebt, verwiesen.

5.1. Voraussetzungen für eine kooperative Konfliktlösung

Die erste Voraussetzung für eine faire Konfliktaustragung ist es, dass jede Konfliktpartei der anderen das Recht zugesteht, ihre Sichtweise darzustellen, und bereit ist, diese Sichtweise auch ernst zu nehmen.

Die zweite Voraussetzung ist die Fähigkeit beider Konfliktparteien, die Ursache des Konfliktes zu erkennen und auch zu nennen.

Wichtig für das Vertrauen dem Konfliktpartner gegenüber ist vor allem die Erkenntnis, dass es keineswegs immer nur eine Wahrheit geben kann, dass also immer nur eine der beiden Antworten oder Haltungen die richtige sein kann. Durch das Verständnis der sozialen Realität als eine dialektische, in welcher gegensätzliche Standpunkte weiterentwickelt werden können, wird Vertrauen ermöglicht, also frei nach Hegel: These – Antithese – Synthese. (vgl. Diem-Wille, S. 77)

5.2. Konzept von Sieg und Niederlage

Was für die Erkenntnis, dass es keineswegs immer nur eine Wahrheit geben kann, gültig ist, gilt allgemein für jeden Konflikt. Das Entweder-oder-Denken führt in der Praxis zu dem irreführenden und verderblichen Konzept von Sieg und Niederlage.

Wird ein Konflikt nach autoritärem oder permissivem Verfahren gelöst, gibt es immer einen Gewinner und einen Verlierer. Bei der autoritären Methode ist der Sieger der Lehrer oder Ausbilder und der Schüler der Verlierer, bei der permissiven ist es umgekehrt. Beide Methoden beruhen auf:

- Konkurrenzdenken
- Starrsinn
- Unhöflichkeit
- Rücksichtslosigkeit
- Missachtung der Bedürfnisse des anderen.

Konflikte können zwar so scheinbar gelöst werden, beide Methoden erzeugen jedoch Verlierer, bei denen Gefühle wie Unmut oder Ärger und entsprechende negative Verarbeitungsmechanismen hervorgerufen werden. (vgl. Gordon, S. 169-172)

5.2.1. Konfliktlösung nach autoritärem Verfahren

- Sie kann in Notsituationen zu schnell wirksamen Ergebnissen führen.
- Sie kann die einzig adäquate Methode sein, wenn sehr viele Leute involviert sind und eine Diskussion der Angelegenheit sehr schwierig durchführbar ist.
- Sie erzeugt im Verlierer Unmut und oft intensive Feindseligkeit dem Sieger gegenüber.
- Sie motiviert den Verlierer nur in sehr geringem Ausmaß, den Lösungsvorschlag durchzuführen.
- Sie verlangt häufig vom Gewinner die Anwendung eines starken Zwanges.
- Sie behindert das Entstehen von Verantwortung und Planung für die eigene Person und fördert Abhängigkeit und Unselbstständigkeit.
- Sie lässt durch Furcht Gehorsam und Unterordnung entstehen und verhindert die Entwicklung von Kooperation und Rücksichtnahme.
- Sie verhindert Kreativität, Forscher- und Erfindergeist.
- Sie erzeugt geringe Leistung, niedere Arbeitsmoral, wenig Befriedigung durch die Arbeit und eine hohe Anzahl von Versagern.
- Sie verhindert das Entstehen von Selbstdisziplin und Selbstkontrolle.

- Sie lässt nur mit sehr geringer Wahrscheinlichkeit eine einmalige oder kreative Lösung entstehen.
- Sie erzeugt im Gewinner oft Schuldgefühle.
- Zur Erreichung von Gehorsam fordert sie vom Gewinner gewöhnlich einen Rückgriff auf Macht und Autorität. (vgl. Gordon, S. 174-175)

5.2.2. Konfliktlösung nach permissivem Verfahren

- Sie kann schnell zum Ziel führen. Man ignoriert einfach das störende Verhalten und entledigt sich des Konflikts durch Nachgeben.
- Sie erzeugt beim Verlierer unweigerlich Unmut und Feindseligkeit dem Gewinner gegenüber.
- Sie fördert bei den Siegern (Schülern) Selbstsucht, Mangel an Kooperationsbereitschaft, Missachtung der anderen.
- Sie fördert bei den Schülern mehr Kreativität und Spontaneität als beim autoritärem Verfahren. Aber der Lehrer zahlt hierfür einen sehr hohen Preis.
- Sie führt nicht zu hoher Leistung oder hoher Arbeitsmoral.
- Sie erzeugt in den Siegern (Schülern) Schuldgefühle, weil die Bedürfnisse des Lehrers unberücksichtigt bleiben.
- Sie lässt die Schüler den Respekt vor dem Lehrer verlieren.

- Sie fordert vom Gewinner (Schüler) gewöhnlich einen Rückgriff auf seine Macht und Autorität. (vgl. Gordon, S. 175- 176)

5.3. Konfliktbewältigung ohne Niederlagen

Durch Disziplinierungsmaßnahmen, die auf Gewalt oder Machtausübung basieren, werden die Schüler nicht gefördert, verantwortlich zu Handeln und Verantwortung zu übernehmen, was ein Anliegen der Schulen ist. „Das Konzept von Sieg und Niederlage scheint der Kern des verzwickten Disziplinproblems in Schulen zu sein." (Gordon, S. 168)
Damit stellt Gordon (S. 206) fest, dass die Lösungsstrategien, die bislang hauptsächlich angewandt wurden, immer einen Verlierer des Konfliktes festlegen, wobei es keine Rolle spielt, ob der Erziehungsstil autoritär oder antiautoritär ist. Die Kunst besteht nun darin, einen Konflikt zu lösen, ohne dass sich eine der beteiligten Parteien als Verlierer fühlt.
Dazu muss man sich überlegen, was eine gute Lehrer-Schüler-Beziehung charakterisiert. Gordon (S. 34) nennt fünf Merkmale, auf denen eine gute Schüler-Lehrer Beziehung aufgebaut ist:

- Offenheit und Transparenz
- Anteilnahme
- Gegenseitige Abhängigkeit
- Nötige Distanz
- Gegenseitige Befriedigung der Bedürfnisse.

Sowohl die Schüler als auch die Lehrer besitzen Bedürfnisse, die befriedigt werden müssen. In einem Konfliktfall sind die Bedürfnisse beider beteiligten

46

Parteien, Schüler – Lehrer, betroffen. Das heißt, beide Parteien besitzen auch das Problem und keiner kann es für sich alleine lösen. (vgl. Gordon, S. 167)
Eine Lösungsmethode ist die Konfliktlösung ohne Niederlage. Bei dieser Methode sollen sich die Konfliktparteien zusammenschließen und nach einer für beide Seiten praktizierbaren und akzeptablen Lösung des Konfliktes suchen, ohne Sieger und Verlierer. (vgl. Gordon, S. 209-210)
Gordon (S. 214) zeigt eine graphische Darstellung der Konfliktlösung ohne Niederlage:

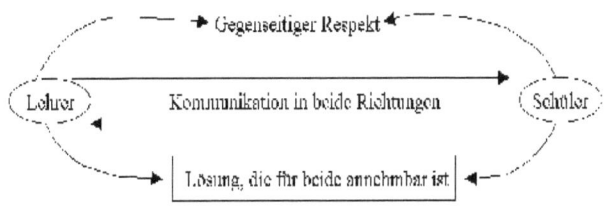

Die dargestellte Lösung resultiert aus einem Prozess von Interaktionen, in dem zwei Menschen in gemeinsamer Anstrengung eine akzeptable Art der Befriedigung ihrer individuellen Bedürfnisse suchen. Die Lösung muss für Lehrer und Schüler annehmbar sein. Die Bedürfnisse eines jeden müssen befriedigt werden, damit gegenseitige Gefühle des Respekts auftreten können. (vgl. Gordon S. 214)
Bei dieser Methode wird ein Konflikt als Problem angesehen, das zu lösen ist. Anschließend wird versucht, dieses Problem zu lösen. Zwei Parteien suchen bei dieser Lösungsmethode in einem Prozess von Interaktionen gemeinsam nach einer akzeptablen Art der Befriedigung ihrer individuellen Bedürfnisse. Um damit in der Schule Erfolg zu haben, darf der Lehrer die Macht aufgrund seiner Position nicht

ausnützen, damit Schüler und Lehrer gleichstarke und gleichberechtigte Partner sind. Bei den Lehrern werden Fähigkeiten im aktiven Zuhören vorausgesetzt, damit sich die Schüler verstanden und akzeptiert fühlen und dadurch ermutigt werden, aus sich herauszugehen und ihre Bedürfnisse mitzuteilen. (vgl. Gordon, S. 214-215)
Zur Kommunikation empfiehlt sich die Verwendung von Ich-Botschaften. Bei der Ich-Botschaft werden die eigenen Ziele, Vermutungen und Gefühle mitgeteilt, die nicht implizieren, dass andere dies auch so sehen müssen. Eine solche Botschaft ist von der anderen Partei leichter zu akzeptieren als eine Du-Botschaft, die fast immer eine Konfrontationsbotschaft ist. Bei Konflikten verschärfen Du-Botschaften die Auseinandersetzung, weil sie als Unterstellung verstanden werden können. Der Problemlösungsprozess nach dieser Methode gliedert sich nach John Dewey in sechs Stufen:

1. Definition des Problems
2. Sammlung möglicher Lösungen
3. Wertung der Lösungsvorschläge
4. Entscheidung für die beste Lösung
5. Richtlinien für die Realisierung der Entscheidung
6. Bewertung der Effektivität der Lösung.
   (vgl. Gordon, S. 215-216)

5.4 Handlungsmatrix zur Konfliktlösung

Da Lehrer bei dem Versuch, die berufsspezifischen Konflikte zu lösen, meist überfordert und auf diese Aufgabe unzureichend vorbereitet sind, wurde von Becker (S. 36-38) eine „Handlungsmatrix zur Konfliktlösung" entwickelt. Diese ermöglicht es, ein systematisches Vorgehen bei der Konfliktanalyse zu dokumentieren. Dabei wird der Grad der Betroffenheit der am Konflikt beteiligten Personen in einen kritisch-rationalen Prozess einbezogen, und die einzelnen Schritte der Konfliktanalyse werden an den im Berufsfeld auftretenden Fragestellungen und Handlungen orientiert. Je größer die Betroffenheit ist, desto mehr Zeit muss in die Konfliktlösung investiert werden, und umso sorgfältiger sollte die Konfliktanalyse durchgeführt werden. Ist der Konflikt einmal aufgefasst, dann wird emotionale Betroffenheit zum Ausgangspunkt der Konfliktanalyse gemacht. Unter Berücksichtigung der Relevanz-Mittel-Relation wird aufgrund methodischer Überlegungen eine Handlungsfolge konzipiert, die den beteiligten Personen gerecht wird.

Zur Veranschaulichung dieser Methode zur Konfliktlösung sei im Folgenden die Handlungsmatrix nach Becker (S. 37) dargestellt:

Systematisches Vorgehen bei der Konfliktlösung unter Berücksichtigung der emotionalen Betroffenheit der beteiligten Personen

Analyseschritte	Grad der emotionalen Betroffenheit							
	Konfliktrelevanz							
	Schein-konflikt		Rand-konflikt		Zentral-konflikt		Extrem-konflikt	
	0	1	2	3	4	5	6	7
1. Konflikt(beschreibung) auffassen	x	x	x	x	x	x	x	x
2. Emotionale Betroffenheit einschätzen	x	x	x	x	x	x	x	x
3. Erstverhalten überlegen Handlungsaufschub?	x	x	x	x	x	x	x	x
4. Methode wählen	A		B		C		D	
5. Befragung durchführen							x	
6. Nach den Ursachen fragen			x		x		x	
7. Informationen beschaffen							x	
8. Perspektive wechseln			x		x		x	
9. Zielsetzung(en) abklären					x		x	
10. Handlungsmöglich-keiten suchen	x		x		x		x	
11. Handlungsmöglich-keiten prüfen	x		x		x		x	
12. Handlungsfolge konzipieren	x		x		x		x	

Systematisches Vorgehen bei der Konfliktlösung unter Berücksichtigung der emotionalen Je ernster der Konflikt, desto mehr Zeit muss zu seiner Lösung investiert werden und umso mehr Schritte sind allein oder in Zusammenarbeit mit anderen zu durchlaufen. Die jeweils vorzunehmenden Schritte sind mit „x" gekennzeichnet. Betroffenheit der beteiligten Personen

Schlussbetrachtung

Gerade in der Schule gibt es häufig Vorurteile. Kinder werden als brav, strebsam, oder als unaufmerksam und aggressiv abgestempelt. Was die Disziplin in der Klasse und oft auch den Lehrerfolg betrifft, gilt das Vorurteil, dass ihn eben „der eine habe und der andere nicht".

In dieser Arbeit wurde der Versuch unternommen, aufzuzeigen, wie wichtig es ist, sehr wohl über Konflikte und deren Lösungsmöglichkeiten nachzudenken und diese Lösungsmöglichkeiten auch tatsächlich zu praktizieren.

Wenn Lehrer sich dieses Themas bewusst in verstärktem Ausmaß annehmen, können sie nicht nur ihre Unterrichtsqualität verbessern, sondern auch ihren Schülern Konfliktlösungsmöglichkeiten vermitteln und vorleben, welche diesen während ihres ganzen Lebens zum Vorteil gereichen können.

Anmerkung: Aus stilistischen Gründen wird in dieser Arbeit der Ausdruck „der Lehrer" im Sinne von „der Lehrer/die Lehrerin" verwendet. Im selben Sinne wird „der Schüler" für „der Schüler/die Schülerin" gebraucht.

Literatur:

BECKER, G. E.: Lehrer lösen Konflikte. Ein Studien- und Übungsbuch. Beltz, Weinheim, 2000.

BRAUN-SCHARM, H.: Erziehungsschwierigkeiten im Unterricht aus kinder- und jugendpsychiatrischer Sicht. In: SEIBERT, N. (Hrsg.): Erziehungsschwierigkeiten in Schule und Unterricht. Klinkhardt, Bad Heilbrunn, 1998, S. 71-83.

DIEM-WILLE, G.: Erfahrungsorientierte Lernformen. In: DIEM-WILLE, G. & WIMMER, R. (Hrsg.): Soziales, erfahrungsorientiertes Lernen. Beiträge zur Lehrerfortbildung, Bd. 29, ÖBV, 2. Aufl., Wien, 1988, S. 49-105.

FRÖHLICH, W.: Wörterbuch Psychologie. dtv, München, 2000.

GORDON, T.: Lehrer-Schüler-Konferenz. Wie man Konflikte in der Schule löst. Heyne, 14. Aufl., München, 2000.

HILLMANN, K.-H.: Wörterbuch der Soziologie. Kröner, 4. Aufl., Stuttgart, 1994.

NEUBAUER, W. u.a.: Konflikte in der Schule. Aggression – Kooperation - Schulentwicklung. Luchterhand, 5. Aufl., Neuwied, 1999.

REINHOLD G. u.a. (Hrsg.): Pädagogik-Lexikon. Oldenbourg, München, 1999.

SALZBERGER-WITTENBERG, I. u.a.: Die Pädagogik der Gefühle. Emotionale Erfahrungen beim Lernen und Lehren. WUV-Universitätsverlag, Wien, 1997, S. 17-106.

WAHRIG, G.: Deutsches Wörterbuch. Bertelsmann Lexikon Verlag, Gütersloh

Autorin:

Mag. Sylvia Elisabeth Wartha

 geb. 1972 in Eisenstadt. *Beruflicher Werdegang*: nach Absolvierung der Bundes-Bildungsanstalt für Kindergartenpädagogik, Ettenreichgasse 45c, 1100 Wien, Tätigkeit als Kindergärtnerin in Neusiedl/See von 1991-1992; Besuch der Pädagogische Akademie Burgenland in Eisenstadt von 1994-1997 mit Ablegung der Lehramtsprüfungen für Volksschulen und Informatik; Lehrerin an der Volksschule St. Margarethen im Burgenland von 1997-2000; Studium der Pädagogik und Sonder- und Heilpädagogik an der Universität Wien von 2000-2002 mit Sponsion zur Magistra der Philosophie; derzeit Dissertantin an der Universität Wien.

Johann Pehofer

Humanismus als pädagogische Grundlage der Globalisierung

Der folgende Artikel stellt eine leicht überarbeitete deutsche Version des Hauptreferats „Internationalism and Humanism" gehalten auf der 20. ITE – Konferenz in Dalarna, Schweden, dar.

1. Vorbemerkungen

Alleine im Internet findet man hunderte Veranstaltungen – Symposien, Workshops, Konferenzen – zum Thema Internationalisierung. Es ist deshalb berechtigt, die Frage nach der Legitimation einer weiteren Konferenz zu diesem Thema zu stellen.

Internationalisierung wurde zu einem Schlagwort, dessen Bedeutung vielfältig variiert: von wissenschaftlicher Zusammenarbeit über die Erschließung neuer Märkte, für die politische Entwicklung im Sinne der Globalisierung bis hin zum europa- und weltweiten Austausch von Studenten.

Die Berechtigung für diese Konferenz besteht meiner Ansicht nach vor allem darin, dass sie den Schwerpunkt dieser Entwicklung in Beziehung zu Erziehung und Pädagogik setzt und somit die Zukunft der nächsten Generation fokussiert: Hier haben wir nach Voraussetzungen, Werten und Zielen der Internationalisierung in diesem bestehenden und zukünftigen Prozess zu fragen. Er kann eine Chance für Frieden und weltweite Verständigung sein, wenn die pädagogischen Institutionen dies als Leitziele formulieren – eine Grundvoraussetzung für eine erfolgreiche Umsetzung des Dialogs in der Zukunft.

Natürlich ist mein Standpunkt, den ich im folgenden in diesem Referat vertreten werde, von meiner Berufstätigkeit beeinflusst: Sowohl als Humanwissenschafter in der Lehrerbildung als auch von meiner Tätigkeit als auch Koordinator für die SOCRATES – Programme der Europäischen Union für meine Institution. Gerade hier stellte sich die Bedeutung der Stimmigkeit der Voraussetzungen als wichtig heraus: Stimmten die Rahmenbedingungen, dann wurde auch alles andere erfolgreich; waren falsche Voraussetzungen und Rahmenbedingungen gegeben, war der Misserfolg vorprogrammiert.

So erscheinen die Rahmenbedingungen als wichtigste Determinante für den Erfolg von Internationalisierungstendenzen; in den folgenden Überlegungen aus meiner Sichtweise, subjektiv, von meiner eigenen Lebensgeschichte und der Geschichte meines Landes beeinflusst, gesehen:

1.1 Vorurteile

Viele unter Ihnen – insbesondere die Kollegen aus Übersee - werden die nicht zu überwindende stereotype Vorstellung eines Österreichers kennen. Das Klischee eines skifahrenden Bergmenschen, der eine dem Deutschen entfernt verwandte Sprache spricht und immer und überall jodelt.

Aber gerade jener Teil von Österreich, aus dem ich komme, entspricht nicht diesem Klischee und darf als Musterbeispiel für Internationalisierung im Kleinen gesehen werden: Seit Jahrhunderten leben hier deutsch, ungarisch und kroatisch sprechende Menschen, verschiedenen Kulturen und Religionen friedlich zusammen.

So mag auch im Sinne einer weltweiten Internationalisierung die Frage Priorität haben, nach jenen Werten zu fragen, die ein friedliches Zusammenleben ermöglichen. Und gerade die Erfahrung in diesem Land zeigt, dass Selbstwertgefühl (Die Minderheiten der Kroaten und Ungarn waren im wesentlichen reiche Landbesitzer), Emanzipation (durch Einfluss in den politischen Gremien) und Akzeptanz (der eigenen und der anderen Kulturen) wichtig für das gegenseitige Verständnis sind.

Und vielleicht ist auch dass der Grund, dass sich gerade in diesem Land die einzige Friedensuniversität Europas befindet; den gerade um diesen Prozess des Friedens und des gegenseitigen Verständnisses zu verstehen, benötigt es Forschung und wissenschaftlich grundgelegte Erkenntnisse.

1.2 Die österreichisch – ungarische Monarchie

Österreich ist aber auch noch aus einem weiteren Grund für unser Thema der Internationalisierung von Bedeutung: Die Österreichisch – Ungarische Monarchie war ein Staat mit zwei Nationen, die über 66 Jahre mehr oder weniger in Frieden unter Kaiser Franz-Josef zusammenlebte. 1914 wurde jedoch – unter dem Einfluss von nationalen Ideologien – dem ein Ende gesetzt. Und gerade hier müssen unsere weiteren Überlegungen fortgeführt werden: Denken wir an den gerade beendeten Krieg im Gebiet des frühen Jugoslawiens. Welche Grundüberlegungen und –voraussetzungen brauchen wir, damit wir zu einem internationalen Denken kommen und nationale Ideologien überwinden? Gibt es eine Garantie für eine friedliche Koexistenz und Kooperation innerhalb Europas und der Welt? Ist der

Studenten- und Dozentenaustausch zwischen unseren Universitäten eine ausreichende Garantie für eine positive Entwicklung der Internationalisierung, die uns garantieren kann, dass nationale und faschistische Tendenzen der Vergangenheit angehören?

Ich denke, dass wir in diesem Zusammenhang auch die Frage nach dem Hintergrund und den Voraussetzungen zu stellen haben. Gerade in diesem Bereich bedeutet Geschichte, die Erfahrungen der Vergangenheit für die Zukunft zu nutzen.

2. Voraussetzungen

Unsere Welt verändert sich. Ich brauche diesen Satz weder zu begründen noch zu beweisen; wir alle befinden im Mittelpunkt dieser weltweiten Entwicklung, einer der dramatischsten und unbestimmtesten der Menschheit. Es vergeht kaum eine Woche, ohne dass wir über neue Entwicklungen im Bereich der Wissenschaft oder Technologie informiert werden.

2.1   Die technische Revolution

Gerade die Entwicklung im Bereich der Neuen Medien ermöglicht neues Wissen und bahnbrechende Entwicklungen, die permanente Information und weltweite Kommunikation ermöglichen. Das bedeutet auch eine revolutionäre Veränderung im Berufswesen: Heute arbeiten mehr als 50% im Bereich der Information.

Das bedeutet auch eine Veränderung in allen Bildungsinstitutionen: Heute gibt es in den Industriestaaten kaum mehr eine Schule ohne Computer oder Internetzugang. Die Entwicklung der neuen Medien – ursprünglich für das Militär entwickelt – wurde zur bedeutendsten Innovation unserer Gesellschaft.

Damit verbunden ändert sich auch die Umwelt unserer Kinder: Kaum ein Kind mehr, das kein Mobiltelefon hat. Und durch die gegenwärtigen Kommunikationstechnologien können wir auf der ganzen Welt in Sekundenschnelle kommunizieren. Die Art und die Reichweite der Kommunikation hat sich verändert und neue Möglichkeiten eröffnet, die in Zukunft noch verbessert und effizienter werden.

2.2 Internationalisierung

Aber nicht nur die Möglichkeiten der technischen Kommunikation verändern unsere Welt: Immer effizientere Verkehrsmittel und Verkehrwege ermöglichen es uns jeden Punkt der Erde mehr oder weniger innerhalb eines Tages zu erreichen. Bedenkt man, dass Jules Vernes seinen Roman "Um die Welt in 80 Tagen" im Jahre 1873 geschrieben hat, wird es die Rasanz dieser Entwicklung bewusst.

Auch diese Entwicklung trägt zur Idee der Internationalisierung zwischen den Völkern und Nationen bei und ermöglicht die Realisierung dieser Idee, die bereits seit Jahrhunderten das Denken von weitsichtigen Persönlichkeiten bestimmt hat:

Am Ende des 16. Jahrhunderts wurde das "Grand Design" von Henry IV. Von Frankreich vorgestellt, das aber tatsächlich vom Duc de Sully geschrieben wurde, in dem vorgeschlagen wurde, dass die 15 Staaten Europas einen europäischen Rat bilden sollten, um bestehende zwischenstaatliche Probleme als europäisches Parlament zu lösen.

Der niederländische Jurist und Philosoph Hugo Grotius schrieb 1625 das bahnbrechende Werk "De

Jure Belli ac Pacis" ("Über das Recht in Krieg und des Friedens"), einen ersten Entwurf eines internationalen Gesetzes.

Abbe de Saint-Pierre entwickelte 1716 ein Projekt für immerwährenden Frieden, in dem demokratische Abstimmungen anstelle von Kriegen Probleme lösen sollten.

Und schließlich entwickelten Jean-Jacques Rousseau, Immanuel Kant und andere bedeutende Denker die eine oder andere Vision einer allgemein gültigen Weltordnung. [3]

Heute sind wir diesen Vorstellungen eines vereinten Europas und einer sich näher rückenden Welt näher denn je, wie bereits Sir Winston Churchill (1874-1965) formulierte: "Wir müssen eine Art Vereinigte Staaten von Europa begründen"[4], aber ich darf hier ergänzend hinzufügen, dass dieser Prozess nicht auf Europa beschränkt bleiben muss. Die Neuen Medien und die Informations- und Kommunikationstechnologien ermöglichen die weltweite Verständigung. In einem Bericht formuliert der Kofi Annan, der Generalsekretär der Vereinten Nationen, Globalisierung als Überwindung bestehender Hindernisse im Bereich der Wirtschaft und des Handelns, als" neuen Kontext für und eine neue Verbundenheit zwischen den wirtschaftlichen Akteuren und Aktivitäten weltweit. Die Globalisierung ist möglich geworden durch den schrittweisen Abbau von Hemmnissen für die Bewegungen von Waren und Kapital zusammen mit grundlegenden technischen Fortschritten und kontinuierlich fallenden Kosten für Transport, Kommunikation und Datenverarbeitung. Ihre weltweite Ausdehnung scheint unausweichlich, ihre Dynamik unwiderstehlich.[5]

In diesem Sinne würden die Neuen Technologien alle Beschränkungen – geographischer, ethnischer, religiöser, ideologischer und nationaler Art - überwinden und die Voraussetzung zur Einigung der Menschheit schaffen. Als Pädagoge darf ich jedoch in Frage stellen, dass dieser Glaube an die Technik genug ist und dass vor allem humanistische und ethische Wertvorstellungen Berücksichtigung finden müssen.

3 Die Veränderung zu einer humanen Welt

Soll Internationalisierung zu einer Humanisierung beitragen, muss mehr Berücksichtigung finden, als der Glaube an die Technik und die Erweiterung der Sprachkenntnisse. Wir brauchen auch internationales Werte, die von allen anerkannt werden – und so kommt den humanistischen Werten eines neue Dimension zu, zu deren Realisation in allen unseren Bildungsinstitutionen – von der Grundschule bis zur Universität – beigetragen werden muss: Insbesondere Toleranz, Gleichheit und Dialog müssen, in Zusammenhang mit einem vertieften Wissen über Geschichte und Kulturen, als Schlüsselqualifikationen der Zukunft gesehen werden.
Gerade die Bildung muss hier die Verantwortung für die humanen Voraussetzungen der zukünftigen Entwicklung der Menschheit übernehmen und darf nicht kurzsichtig die technische Entwicklung als ausreichend ansehen.

4 Aufgaben der gegenwärtigen Pädagogik

Ich möchte den Anfang eines Artikels von Theodor W. Adorno als Ausgangspunkt meiner weiteren Überlegungen als Grundlage nehmen: "Das Ziel aller Erziehung ist, dass es Auschwitz nicht mehr gibt."[6] Ich teile zwar nicht den Pessimismus von Adorno, aber die gesamte technische Entwicklung und das Wissen der Menschheit können letztendlich nur ein Ziel haben: Das Leben lebenswert zu machen.

Es gilt dabei, Fehler der Vergangenheit zu vermeiden; wir dürfen nicht glauben den Menschen verändern zu können, oder wie Berhard-Henri Lévy sagte: "Die größte Häresie des 20. Jahrhunderts war zu glauben, dass man das Böse vernichten könne"[7]

Für uns Lehrer ist es die vordringlichste Aufgabe, Kindern und der heranwachsenden Generation zu helfen, eine Lebensphilosophie zu haben, die ihnen und den zukünftigen Generationen hilft, dieses Leben zu bestehen: Und hier haben die Ziele von Immanuel Kant immer noch Gültigkeit: Die Fähigkeiten zur Reflexion und zur Selbstbestimmung.

Und gerade in den Herausforderungen der Gegenwart benötigen wir diese Werte und deren Realisation.

Denn gerade das Wort Humanismus hat eine Vielzahl von Bedeutungen, die sich neben der Philosophie von der Literatur über die Architektur bis zu Religion und Kunst finden. In unserem Zusammenhang ist der Begriff in der Bedeutung zu verstehen, dass der Mensch das Maß der Dinge sein muss – ja gerade in unserer multikulturellen Gesellschaft nur die Ausgangsbasis gemeinsamer Werte sein kann. Es lohnt, daher, den Begriff des philosophischen Humanismus näher zu betrachten:

Der philosophische Humanismus ist eine Lebenseinstellung auf der Lebensgrundlage der menschlichen Bedürfnisse und Interessen. Er stellt eine Möglichkeit dar – im Sinne Martin Heideggers – dass der Mensch „seine Würde in der Humanität"[8] finden kann. Und gerade in dieser Definition ermöglicht dass die Menschheit – in all ihren Kulturen und Sprachen – hier eine gemeinsamen Wert hat, der auch in der zukünftigen Lehrerausbildung Berücksichtigung finden muss[9]:

4.1 Fairness

Betrachtet man die Weltkrisen der Gegenwart, kann man feststellen, dass alle ihre Ursache mehr oder weniger in der Ungleichheit haben. Oder wie es Mary Robinson, die gegenwärtige Hochkommissarin der Vereinten Nationen für Menschenrechte in Genf formulierte: „Die traurige Wahrheit ist, dass wir dieses so überaus wichtige Zusammengehörigkeitsgefühl nicht entwickelt haben, jenes gemeinsame Ethos, auf dessen Grundlage wir zusammen vorausschreiten können"[10].

4.2 Werterziehung

Das Leitziel der Universität von Melbourne beginnt mit den Worten: „Internationale Werte, Perspektiven und Erfahrungen müssen die Grundlage aller anderen Aufgaben der Universität sein".[11]
Dieses Leitziel muss in allen Universitäten und Schulen realisiert werden. Die Voraussetzungen der Internationalisierung heißen weder Neue Medien noch Neue Technologien, die Voraussetzung besteht in einem Bewusstsein, dass die Werte des Menschen im Mittelpunkt zu stehen haben. Und hier muss die

Voraussetzung gegeben sein, dass gemeinsame internationale Werte anerkannt werden, wobei der Begriff "internationale Werte" nicht eine neue globale Ideologie bedeuten darf, sondern einen fundamentalen Konsens von verpflichtenden Werten der Humanität.

4.3 Pluralismus und Toleranz

Wenn die Humanität im Fokus der Interessen steht, bedeutet das aber auch für Lehrer ein Bekenntnis zu den unterschiedlichsten Kulturen und deren Vielfalt. Denn wie der Elias Canetti gesagt hat, könne man den Nationalismus nicht einfach durch Internationalismus ersetzen. Es ist unmöglich eine gemeinsame Kultur zu schaffen, denn eine Weltkultur würde keine Kultur sein.

Gerade die Multikulturalität ist Voraussetzung, das wir in einem Geist der Toleranz zusammenfinden. Die Entwicklung zu einem vereinten Europa und zur Globalisierung, kann im Geist des Humanismus nur durch die Schaffung von gemeinsamen Werten unter dem Fortbestand der verschiedenen bestehenden Kulturen und Sprachen realisiert werden.

Literatur:
1 Weitere Informationen unter: http://www.aspr.ac.at/welcome.htm
2 Vgl.: Aufenanger, Stefan: Lehren und Lernen mit neuen Medien – Perspektiven für die Schule. URL: www.aufenanger.de 27.3.2002
3 Vgl.: http://www.globalpolicy.org/resource/unhist/jinx1.htm
4 http://www.info-europe.fr/apprend/citations/churchill.htm
5 http://www.uni-tuebingen.de/uni/qvo/highlights/h08-rob02.html
6 Adorno Theodor W.: Erziehung nach Auschwitz. Zitiert nach: Spierling, Volker: Die Philosophie des 20. Jahrhunderts. München 1986[4], Seite 274.

7 Zitiert nach: Augstein, Rudolf: Die Welt im Wandel, München 1998, Seite 425 f.
8 Vgl.:
http://www.erudit.org/revues/surfaces/vol4/birus.html#Heidegge r
9 HUMANISTIC DISCOURSE AND THE OTHERS J. Hillis Miller
http://www.erudit.org/revues/surfaces/vol4/miller.html#culturals tudies
10 Mary Robinson in: Hans Küng (ed.), JA zum Weltethos. München 1885, zitiert nach: http://www.uni-tuebingen.de/stiftung-weltethos/dat_eng/index_e.htm
11 Vgl.:Compare: Operational Plan 2002. The Melbourne Agenda. URL: http://www.unimelb.edu.au/vc/opplan/

Autor:

PA-Prof. Doz. Dr. habil. Johann A. Pehofer

Stiftung Pädagogische Akademie Burgenland
Geboren 1955 in Niederösterreich, Hauptschullehrer an für Deutsch und Musikerziehung von 1978-1988. Von 1979-1986 Studium an der Universität Wien in den Bereichen Erziehungswissenschaft, Germanistik und Philosophie. 1986 Promotion zum Dr. phil. Seit 1988 Professor für Humanwissenschaften an der Stiftung Pädagogische Akademie Burgenland in Eisenstadt, und seit 1999 wissenschaftlicher Mitarbeiter an der Donau-Universität Krems.
Leiter und Mitarbeiter zahlreicher nationaler und internationaler Projekte, Lehrbeauftragter an Universitäten und Hochschulen. 2002 Habilitation an der Masaryk - Universität Brünn in der

Tschechischen Republik. Zahlreiche Veröffentlichungen im pädagogischen und medienpädagogischen Bereich.

Sylvia Wartha

Erhaltung und Förderung der sprachlichen und kulturellen Vielfalt burgenländischer Minderheiten durch das Schulsystem

1. Einleitende Bemerkungen

Der europäische Staat Österreich ist eingeteilt in neun kulturell, politisch und wirtschaftlich teilweise autonome, eng miteinander zusammenarbeitende Bundesländer. Das Burgenland ist das östlichste dieser Bundesländer und gleichzeitig auch das jüngste. Diese Tatsache und die Geschichte Österreichs, das bis 1918 im Rahmen der österreichisch-ungarischen Monarchie ein Vielvölkerstaat war, unterstreicht die große Bedeutung des Burgenlandes als Beispiel für gelebte Internationalisierung.

In diesem Artikel wird folglich am Schulwesen des Burgenlandes das Zusammenleben verschiedener Bevölkerungsgruppen in einem Klima geprägt von Toleranz, Humanität und gegenseitiger Akzeptanz beleuchtet und auch seine gesetzliche Fundierung erläutert. Nach Reiterer (1990, S. 51) können Minderheiten nie isoliert betrachtet werden, sondern immer nur im Gesamtkontext des wirtschaftlichen und politischen Systems, innerhalb dessen sie leben.

2. Volksgruppen im Burgenland

Durch die Geschichte des Burgenlandes, das schon immer ein Konglomerat von Volksgruppen war, hat sich eine einzigartige Form des Zusammenlebens entwickelt. Das Bemerkenswerte ist die Selbstverständlichkeit dieser friedlichen Koexistenz, die den Besonderheiten und Eigenheiten der verschiedenen Volksgruppen ausreichend Raum gibt und sie akzeptiert und fördert. In diesem Zusammenhang ist auch das Traditionsbewusstsein der Burgenländer hervorzuheben. Sie pflegen ihre volksgruppenspezifische Bräuche und Sitten mit Hingabe und zeigen diese Traditionsverbundenheit in zahlreichen Umzügen, Festen, Tänzen, Liedern und anderem. Hierbei ist bemerkenswert, wie gerne und zahlreich Vertreter der jeweils anderen Volksgruppen den jeweiligen Veranstaltungen beiwohnen und auch herzlich willkommen sind.

Es wäre jedoch engstirnig, die Besonderheiten der Volksgruppen auf ihr Brauchtum und ihre Traditionen zu reduzieren. Minderheitenintegration findet auch ein breites und wichtiges Tätigkeitsfeld im Alltagsleben: Unterhaltungsmedien wie Radio und Fernsehen bieten Sendungen und Beiträge in Minderheitensprachen und über deren Kulturgut. Das Gleichgewicht zwischen Heterogenität und Autonomie der verschiedenen Volksgruppen einerseits und Gleichberechtigung sowie wechselseitigem Verständnis andererseits wird im Alltag gelebt und ist auch breit gesetzlich fundiert. Als anschauliches Beispiel ist anzuführen, dass in Ortschaften mit hohem Minderheitenanteil die Ortstafeln und öffentliche Gebäude zweisprachig beschriftet sind und auch der Amtsverkehr zweisprachig abgewickelt wird.

Im Burgenland haben laut Volkszählung vom Jahr 1991 folgende gesetzlich anerkannte Volksgruppen ihre Heimat gefunden:

Gesetzlich anerkannte Volksgruppen	Gesamtzahl/% der Gesamtbevölkerung
Burgenländische Kroaten/ Gradišæanski Hrvati	19 460/7,2%
Ungarn/Magyarok	6 763/2,5%
Roma und Sinti/Le Rom thaj le Sinti	~ 100/<0,1%

Angaben in Absolutzahlen/Prozentualer Anteil an der Gesamtbevölkerung (Schelakovsky 1994, S. 137-146)

3. Mehrsprachiges Schulwesen in Burgenland

3.1 Zweisprachiger Unterricht

Die Förderung und der Erhalt der kulturellen und sprachlichen Besonderheiten wird in hohem Maße durch den zweisprachigen Unterricht, das heißt teils in Deutsch, teils in der jeweiligen Volksgruppensprache, realisiert. Damit lässt sich einerseits eine Qualitätssicherung der Ausbildung gewährleisten und andererseits wird dem Erhalt der sprachlichen und kulturellen Einzigartigkeit der Volksgruppen Rechnung getragen. Hierbei wird eine Gleichrangigkeit der deutschen Sprache mit der jeweiligen Volksgruppensprache angestrebt. Dabei ist es wichtig, dass die Lehrer auch mit Minderheitenkulturen und Sprache gut vertraut sind, um eine adäquate bilinguale - bikulturelle Erziehung zu gewährleisten. Auch rein deutschsprachige Kinder haben die Gelegenheit, eine solche Erziehung zu genießen. So entwickeln Lehrer und Schüler eine verstärkte Sensibilität für die jeweiligen kulturellen

Eigenarten und Besonderheiten. Sie sind voll integriert in das reguläre Erziehungssystem. Die Abschlüsse und die damit vermittelten Qualifikationen sind gleichwertig zu unilingualen Schulen.

Die Vorteile einer bilingualen Erziehung und Schulbildung sind evident. Zweisprachig aufgewachsene Personen sind in der glücklichen Lage, zwei Sprachen in Wort und Schrift vollständig zu beherrschen, in der selben Perfektion, in welcher der Unilinguale seine einzige Muttersprache beherrscht. Diese Fähigkeiten erweitern der persönlichen Horizont um eine ganze Vielfalt von Facetten. Mit dem Erwerb zweier Sprachen werden ebenso die Einzigartigkeit zweier Kulturen vermittelt, zweier Traditionen, zweier Denkweisen und Identifikationssysteme. Hinzu kommt, dass Bilingualität in unserer Gesellschaft das Sozialprestige steigert. (Huber-Kriegler 1994, S.125-126)

Realisierte Maßnahmen des bilingualen Unterrichts, auf die das Burgenland wirklich stolz sein kann, und die außerdem einen großen Teil zum Erhalt der Volksgruppensprachen und –kulturen beitragen, sind folgende:
  ➢ Die Lehrer zeigen ein hohes Maß an Engagement und Motivation.
  ➢ Es herrscht ein überdurchschnittlich gutes Klassenklima.
  ➢ Der Unterricht entspricht modernen didaktischen Kriterien.
  ➢ Der Unterricht zeichnet sich durch seine Schülerzentriertheit und Erfahrungsorientiertheit aus.

- ➢ Frontalunterricht, Gruppenunterricht und Individualunterricht, sowie offene Lernformen werden eingesetzt.
- ➢ Der Lehrer spricht alle Sinne der Schüler an.
- ➢ Arbeitsbehelfe und Unterrichtsmaterial zeichnen sich durch ein hohes Maß an Kreativität aus. (Hänel/Krèmáøová/Larcher 1997, S. 133)

Die Erziehung in burgenländischen bilingualen Schulen bietet ein hohes Maß an persönlicher, ideeller und kultureller Bereicherung, eine von Beginn an stattfindende Vermittlung von Multikulturalität, des dazugehörigen Wertesystems und eines hohen Maßes an gegenseitiger Toleranz.

Im Rahmen des zweisprachigen Unterrichts werden nicht nur Grundkenntnisse in einer zweiten Sprache erworben, sondern es wird auch zweisprachige Kompetenz verlangt, die der ersten Sprache gleichwertig ist. Sprache wird auch Teil der Identität im Sinne der personalen Identität, der Identität der Volksgruppen, sie vermittelt soziale Identität ebenso wie Mentalität und ethnische Zugehörigkeit. Zwei- oder Mehrsprachigkeit ist in gesellschaftlicher, sowie sogar in politischer Hinsicht von Nutzen. Das lässt sich eindrucksvoll am Beispiel des Kroatischen und Ungarischen belegen, da seit der Öffnung der Grenzen zu Osteuropa sich den Schülern durch das Erlernen dieser Sprachen ein weites Betätigungsfeld geöffnet hat. (Kinda-Berlakovich 2001, S. 152-153)

3.2 Auszug aus den Grundlagen der Minderheitenrechte im Schulgesetz

Als wichtigste gesetzliche Grundlegung der Minderheitenrechte von der Basis an, das heißt in der

Erziehung der Kinder, regelt das Minderheitenschulgesetz für Burgenland in seiner Fassung von 1994:

> Im ganzen Burgenland werden die Volksgruppensprachen in den Schulen angeboten.

> Den Eltern steht es frei, ihre Kinder in den Minderheitensprachen unterrichten zu lassen.

> Das Erlernen dieser Sprachen ist in allen Schultypen möglich.

> Die Eröffnungszahlen der Klassen, die in den jeweiligen Volksgruppensprachen unterrichtet werden, betragen 5 bzw. 7 Schüler.

> Die Klassenschülerhöchstzahl für Klassen, die in den jeweiligen Volksgruppensprachen geführt werden, beträgt 20 Schüler.

> Die Jahreszeugnisse werden zweisprachig ausgestellt.

> Es gibt eigene Schulinspektoren für die jeweiligen Volksgruppensprachen. (Mühlgaszner 1997, S. 165-166)

3.3 Daten zum mehrsprachigen Unterricht im Burgenland

Um die praktische Realisierung des Minderheitenschulgesetzes im Burgenland mit Zahlen zu belegen, werden im folgenden die prozentualen Anteile der deutsch-kroatischsprachigen Volksschulen an der Gesamtzahl der Volksschulen des Burgenlandes gezeigt. Des Weiteren werden die prozentualen Anteile der Hauptschulen, an denen Kroatisch als Wahlpflichtgegenstand angeboten wird, an der

Gesamtzahl der Hauptschulen des Burgenlandes dargestellt.

Zweisprachige Volksschulen	28/13,3%
Schüler zweisprachiger Volksschulen	1287/10,8%
Wahlpflichtgegenstand Kroatisch in Hauptschulen	7/16,3%
Schüler in Hauptschulen mit Wahlpflichtgegenstand Kroatisch	88/1,0%

Angaben in Absolutzahlen/Prozentualer Anteil an der Gesamtbevölkerung
(Mühlgaszner 1996, S. 162-164)

Für Schüler der ungarischsprachigen Volksgruppe werden zwei Volksschulen geführt und mehrere Hauptschulen mit besonderer Berücksichtigung des Ungarischunterrichts.

Die Beschulung der Roma stellt insofern ein Problem dar, da Romanes hauptsächlich eine gesprochene Sprache darstellt, die noch wenig kodifiziert bzw. didaktisiert ist. Um diesem Problem Herr zu werden, wurde ein diesbezügliches Projekt ins Leben gerufen und subventioniert, um dem drohenden Sprach und Identitätsverlust dieser zahlenmäßig sehr kleinen Bevölkerungsgruppe entgegenzuwirken.

3.4 Projekt: Sprachliche Vielfalt an der Volksschule Oberwart

Ein couragiertes Projekt mit außergewöhnlicher Zielsetzung wird seit dem Schuljahr 1999/2000 an der Volksschule Oberwart angeboten. Deutsch wird als Unterrichtssprache geführt, Ungarisch als zweite Unterrichtssprache, sowie als Unverbindliche Übung, Kroatisch und Romanes werden als Unverbindliche Übungen angeboten. Englisch wird lehrplankonform als Verbindliche Übung dargeboten.

Mit dieser großen Sprachenvielfalt soll erreicht werden, den Schülern ein optimales Angebot an Sprachwahlmöglichkeiten zu gewährleisten. Des Weiteren wird der Fortbestand der Volksgruppensprachen gesichert. Dieser Schulversuch ist als herausragendes Beispiel für die Vermittlung, Weitergabe und Festigung des Volksgruppen- Sprach- und Kulturgutes zu sehen. So finden diese Sprachen unter den Kindern breite Akzeptanz und werden von einer Generation an die nächste weitergeben. Somit bleiben sie als lebendiges und gelebtes Sprach- und Kulturgut erhalten.
(URL: http://www.zse3.asn-graz.ac.at/work/esis/siegel00.html)

4. Schlussbemerkung

Dieser Artikel soll dazu beitragen, Verständnis für die Relevanz der Minderheitenförderung von der jüngsten Generation an zu wecken. Die Minderheitenförderung wird am Beispiel der Volksgruppen Kroaten, Ungarn und Roma im Burgenland im Staate Österreich in Bezugnahme auf das Schulsystem beleuchtet. So wird schon von Kindesbeinen an gegenseitige Toleranz, gegenseitiges Verständnis vermittelt und somit auch der Weg zur Internationalisierung gebahnt. Die gesetzliche Grundlegung der Minderheitenrechte wird umrissen und deren Realisation wird am Beispiel der Volks- und Hauptschulen Burgenlands aufgezeigt. Die Vielfalt der Sprachen der verschiedenen Volksgruppen zu erhalten und zu fördern bewahrt vor dem Verlust dieses einzigartigen Kulturgutes, das sich bereichernd und harmonisch in die österreichische Kultur einfügt und sie sogar mit prägt.

Literatur

Hänel, Anne-Kathrin/Krèmáøová, Petruška/Larcher, Dietmar: Evaluation des zweisprachigen Schulwesens im Burgenland. Eisenstadt: Landesschulrat für Burgenland, 1997

Huber-Kriegler, Martina: Mehr als eine Sprache sprechen ... Theoretische Grundlagen. In: Gauß, Rainer/Harasek, Anneliese/Lau, Gerd (eds.): Interkulturelle Bildung – Lernen kennt keine Grenzen. Bd. 1, Wien: Jugend & Volk, 1994, S. 117-135

Kinda-Berlakovich, Andrea Z.: Das zweisprachige Pflichtschulwesen der burgenländischen Kroaten in der Vor- und Nachkriegszeit. Eisenstadt: Volkshochschule der Burgenländischen Kroaten, 2001

Mühlgaszner, Edith: Kroaten und ihre Schulen. In: Gartner, Josef (ed.): „NIL" Netzwerk Interkulturelles Lernen. Eisenstadt: Pädagogisches Institut des Bundes für das Burgenland, 1996, S. 155-166

Mühlgaszner, Edith: Vergleich des Burgenländischen Landesschulgesetzes (1937) und des Minderheitenschulgesetzes für Burgenland (1994). In: Hänel, Anne-Kathrin/Krèmáøová, Petruška/Larcher, Dietmar: Evaluation des zweisprachigen Schulwesens im Burgenland. Eisenstadt: Landesschulrat für Burgenland, 1997, S. 165-166

Reiterer, Albert F.: Zwischen Wohlstand und Identität. Ethnische Minderheiten und Modernisierung: Die Burgenland-Kroaten. Wien: Verband der wissenschaftlichen Gesellschaften Österreichs, 1990

Schelakovsky, Horst: Mehrsprachigkeit im Burgenland. In: Gauß, Rainer/Harasek, Anneliese/Lau, Gerd (eds.): Interkulturelle Bildung – Lernen kennt keine Grenzen. Bd. 1, Wien: Jugend & Volk, 1994, S. 137-161

URL: http://www.zse3.asn-graz.ac.at/work/esis/siegel00.html

Autor:

Mag. Sylvia Elisabeth Wartha

 geb. 1972 in Eisenstadt. *Beruflicher Werdegang*: nach Absolvierung der Bundes-Bildungsanstalt für Kindergartenpädagogik, Ettenreichgasse 45c, 1100 Wien, Tätigkeit als Kindergärtnerin in Neusiedl/See von 1991-1992; Besuch der Pädagogische Akademie Burgenland in Eisenstadt von 1994-1997 mit Ablegung der Lehramtsprüfungen für Volksschulen und Informatik; Lehrerin an der Volksschule St. Margarethen im Burgenland von 1997-2000; Studium der Pädagogik und Sonder- und Heilpädagogik an der Universität Wien von 2000-2002 mit Sponsion zur Magistra der Philosophie; derzeit Dissertantin an der Universität Wien.

Gerda Kysela – Schiemer

Gibanje u školi - Projekt ocjenjivanje hasnovanja notebookov u višji škola Austrije

Ovo empirièno – didaktièno pregledanje je naèinio centar u pedagoškom podruèju medijov (ZMP na dunajskom universitetu u Kremsu) u ime ministarstva prosijete, znanosti i kulture (bm:bwk). Preglesdanje je duralo od 12/2000. – 02/2002.
Hasnovanje novih medijev pri poduèavanju je preminilo i kovalo školu. Ne ide bez poduèavanja u kojem nije informacije i komunikacije (tkzv. IKT). Preduvjet zato su uèitelji, koji imaju potribnu kompetenciju poduèavanja: Iskanje novih metodov za poduèavanje ne da ekspertom mira. Aktivno poduèavanje i poduèavanje, koje ima jedan definitivni cilj, i koje se možda stvori u teamu, je ono, koje neka školare oduševljava.
Notebook je moguænost za individualno uèenje. U našem, «razvijanom» djelu zemlje, nagib ide onomu sistemu poduèavanja, kojih je za svakoga individualno, neodvisno od infrastrukture (moguæe s internetom), neodvisno od vrimena i «à la carte» da organizirati.
U ov projekt ukljuèeno je 8 gimnazijov odnosno struènih viših škol za uèenje zvanja, u koji se hasnuje notebook u razliè1nih predmeti. ZMP ocijeni ovo djelo.
Cilj ove ocijene je kvalitativni dokaz hasnovanja notebookov pri poduèavanju. Koristu se ovde jur poznata, internacijonalna iskustva. Za kontrolu se hasnuju upitni listi, a isto tako i usmeni izvještaji,

koji se u tkzv. Feedback- krugi povidaju. Iskustvo se u najveæ dijelu povida drugomu putem interneta.
Prvi medjuvrimeni izvještaj iz lipnja 2001. daje moguænost za prvi uvid u djelovanje hasnovanja notebookov u školi, motivaciju, komunikaciju i u razliène stepen.
Djelo grupe, koja je evaluira 418 školare (14 – 20 ljet stari), se je poèelo u prosincu 2000. Oni su poèeli s kontaktiranjem ovih 8 škol i njevih uèiteljev i školskih direktorov. Oni su morali spuniti jedan radni list s pitanji. Isto tako se je poèelo konstruirati jednu virtualnu sobu u internetu, u kojoj svi «timi» ovoga projekta komuniciraju skupa (u Beèu, Dolnjoj Austriji, Gornjoj Austriji),s bm:bwk-om i s ZMP-om.
Empirièno pregledanje svih školarov ovoga projekta je sljedilo jednim radnim listom, kojega su dostali putem interneta. Ovo se je završilo u protuljiæu 2001. Ovo sve je ukljuèeno u on medjuvrimeni izvještaj.
Ova faza je doprimila važne rezultate.
Za veæi dio ovih, koji su bili ukljuèeni u ov projekt (uèitelji, roditelji, školari), hasnovanje notebookov u razlièni predmeti zlamenuje djelo s novom tehnologijom, s kojom se školare može jako motivirati. Djelo su imali jako rado, jer nije bilo vezano uz jedno mjesto.
80% svih školarov je bilo jako motivirano. To je jako visok broj.
Škole su si doèekale bolji status za sebe. Isto tako se ufaju, da djelovanjem u ovom projektu imaju bolji status i da škola more bolje ispuniti zahtjene privrede (ekonomije).

Gdo plaæa?

Novo je, da roditelji platu naj veæi dio ovih potribnih notebookov. Nije jako èuda drugih sponsorov. Malo krat se sredstva iznajnu. Zbog toga, jer roditelji plaæaju notbooke, postoji sada strah razdvojenosti. Jer financijelna «elita» plati, a zato školari iz siromašjega stana nimaju moguænost, da dojdu u ov «tim».

Hasnovanje spavi

U predmeti se notebook èudakrat hasnuje. Med tehnièki i netehnièki škol je velika razlika u ulogu notebookov. To od sebe razumljivo odvisi od nastavnih planov ovih škol.
Jedan veliki dio uèiteljev veli, da su skoro svaki dan u velikom dijelu predmetov (kade ima smisla) hasnovali notebooke. Samo jedna toèka ne zadovoljava: Priprava za ove «internet – ure» je èuda duža, neg za «normalne» ure poduèavanja. Uèitelji su ali još mislili, da je ovo poduèavanje putem notebooka nova vrst komunikacije.
Školari hasnuju notebooke prviæ za prezentacije, za iskanje u internetu, pak za pisanje razlièni tekstov. Drugiæ, ovo se uèiteljem jako ne vidi, se školari rado igraju na notebooki.

Utjecaj na predmete

45% is pitanih školarov je reklo, da su notebooki imali pozitivan utecaj na poduèavanje uèiteljev, i tako su imali isto pozitivan efekt za uènju. Za školare ovih razredov, u koji se notebooki hasnuju, je pozitivan završetak i tako moguænost za prelaz u viši razred motivacija za uèenje.

Jako pozitivno je isto ovo jako praktièno i aktualno poduèavanje, koje je s notebooki moguæe. Školari upoznaju ovo veliko djelo, koje njevi uèitelji imaju pri pripravi za predmete, i poštuju ovo.

Zbog interneta - i tako zbog praktiènoga i individualnoga uèenja- predmeti su nastali mnogovrsni. Isto tako je nastalo teže. Razlikovanje, integracija, potpomaganje i svitovanje je to, što se prosi od odgovornih ovoga projekta. Didaktièna mnogostrukost, neka naèini ove «internet» - škole atraktivne.

Za buduænost, su oni, koje su pitali, našli pet težišæev:

- Strah pred viši stroški, a s tim socijalna selekcija ove uènje ("cultural divide")
- Razvitak nove vrsti uèenja
- Nove medije nastanu od sebe razumljive
- Školari èedu se špecijalizirati
- Težišæe u uènji æe biti zahtjev

Problemi i želje ispravljanja:

Momentano u ovi škola još fali tehnika i adekvatna oprema (hardware, povezivanje, ergonomski odgovarajuæe moguænosti sjedalov) i podubirne mjere podupiranja.

Uèitelji i školari velu, da falu notebook- adekvatne podloge, da fali didaktièni model i da fali eficijentno djelo na ovom problemu od strane odgovornih. 47% pitanih školarov veli, da uèitelji imaju deficite u sposobnosti i pri ideji. To ide tako daleko, da je

80

najvažnija osoba za suraduju jedan drugi školar, a ne involvirani uèitelj.
31% vidi poteškoæe u financiranju nœebookov, a 30% velu, da je didaktiènih problemov (n. pr. Kontrola djela i discipline).
Ov medjuvrimeni izvještaj projekta «gibanje u školi» pokaže momentanu situaciju, potvrdi ipak, da su se zadaæe škole minjale. Ovo pregledanje dura još do veljaèe 2002.

Dr. Gerda Kysela – Schiemer

Dunajski universitet u Kremsu
Peljaèica centra za naobrazbu i medije; zamjenik peljaèa sekcije telekomunikacije, informacije i medijev; zamjenik peljaèa kolegija, Board Member EATA (European Association for Telematics Applications), peljaèica za osiuranje kvaliteta kolegija.

Rodjena u St. Pöltenu, uèiteljica na glavnoj školi za nimško i geografiju, isto uèiteljica na školi za turizam; uèiteljica za turizam i marketing na WIFI u St. Pöltenu. Študijum publicistike i komunikativnih znanosti kot i etnologije uz zaposlenje. Promovirala 1993.
Predavaèica za marketing, komunikaciju na akademiji i u trainingu za poduzetnike. Poslovodja na struènoj visokoj školi za teèaj «Telematik-Management» i «komunikacija i management development».
Od ožujka 2000. peljaèica centra za pedagije o medija. Poduèava na univerzitetu u Kremsu, na

pedagoškom institutu u Željeznom, u «ARCA Fachhochschule» u Kremsu (istrživanje èitanja, videocanferencing, prezentacije, vizualizacija, tipografija, marketing research, e- learning). Nacionalni i internacionalni projekti istraživanja i predavanja.